MW01633061

CONSOLIDAR

A TRAVES DEL

PRINCIPIOS PARA RETENER EL FRUTO EN SU MINISTERIO

CESAR CASTELLANOS D.

Publicado por G12 Editores Ltda.
ventas@g12bookstore.com

ISBN 1-932285-88-1

Dirección Editorial_Johanna Castellanos
Editora General_Doris Perla Mora
Portada y diagramación_Julian Gamba

G12 Editores
2620 Hollywood Blvd
Hollywood, Fl 33020
954_921_2626

G12 Editores
Cl. 22 C No. 31-01 Piso 5
Bogota Colombia
571_2693420

2a Edición Junio 2006

www.visiong12.com

Impreso en Colombia
Printed in Colombia

CONTENIDO

Introducción

El gran desafío que teníamos como pastores de una iglesia, que recién comenzaba a desarrollarse, consistía en hacer verdaderos discípulos del Señor Jesús. Esta necesidad me llevó a investigar todo aquello relacionado al discipulado eficaz. Así, pude comprender que hacer discípulos tenía que ver con la estrategia que adoptáramos para ganar almas y el discipulado que desarrolláramos para afirmar cada una de esas vidas, hasta que el carácter de Cristo se vea reflejado en ellos. Si no estamos ganando almas, podemos caer en la trampa del enemigo de adoctrinar a aquellos que forman parte de otro rebaño; y estoy completamente seguro de que ese no es el propósito de Dios para nuestras vidas. Pude entender que el discipulado eficaz es aquel que permite dar un seguimiento individualizado a las personas que estamos alcanzando para Jesús, conservando siempre las posturas éticas. Esto es, pensando que los estamos haciendo discípulos de Jesús y que venimos a ser como tutores que les ayudan en su crecimiento espiritual.

LA CONSOLIDACIÓN DEMANDA UN GENUINO COMPROMISO

No podemos desligar la importancia de ganar de la de consolidar, pues en la gran comisión, el mandato del Señor fue muy específico, debemos ganar pero también debemos consolidar el fruto de lo ganado. Antes de ascender al cielo, el Señor Jesús dijo: "Toda autoridad me es dada en el cielo y en la tierra. Por tanto id y haced discípulos a todas las naciones" (Mateo 28:18-19a). Nuestro mayor compromiso era hacer discípulos de aquellos que habíamos ganado, como Jesús lo había hecho. Antes de enviarlos les advirtió que no se preocuparan por los infortunios que pudieran encontrar en el camino pues la parte más difícil ya había sido conquistada por Él, es decir, la de doblegar el poder del adversario.

LA CONSOLIDACIÓN REQUIERE MANOS DILIGENTES

Lo que suceda en los primeros días con el nuevo creyente determinará su futuro espiritual. Un nuevo cristiano es como un bebé recién nacido que no puede valerse por sí mismo, sino que necesita la ayuda de personas diligentes que estén pendientes de su estado (Proverbios 27:23). En su primera gira evangelística, el Apóstol Pablo obtuvo un fruto abundante, siendo testigo de conversiones multitudinarias. Pablo entendió cómo hacer para velar de una manera eficaz por el fruto; no solamente motivó a los convertidos a perseverar en la fe sino que también estableció ancianos para guiarlos y atenderlos, esto es, personas que se responsabilizaran por su cuidado.

"Y después de anunciar el evangelio a aquella ciudad y de hacer muchos discípulos, volvieron a Listra, a Iconio y a Antioquía, confirmando los ánimos de los discípulos, exhortándoles a que permaneciesen en la fe, y diciéndoles: Es necesario que a través de muchas tribulaciones entremos en el reino de Dios. Y constituyeron ancianos en cada iglesia, y habiendo orado con ayunos, los encomendaron al Señor en quien habían creído" (Hechos 14:21-23).

"Y al pasar por las ciudades, les entregaban las ordenanzas que habían acordado los apóstoles y los ancianos que estaban en Jerusalén, para que las guardasen. Así que las iglesias eran confirmadas en la fe, y aumentaban en número cada día"
(Hechos 16:4-5).

Sabemos que una unción fresca de Dios será derramada sobre su vida y verá consolidado el fruto por el cual tan eficazmente ha trabajado.

PROPÓSITOS Y FUNDAMENTOS DE LA CONSOLIDACIÓN

Capítulo 01

"Y ya no estoy en el mundo; mas éstos están en el mundo, y yo voy a ti. Padre santo, a los que me has dado, guárdalos en tu nombre, para que sean uno, así como nosotros. Cuando estaba con ellos en el mundo, yo los guardaba en tu nombre; a los que me diste, yo los guardé, y ninguno de ellos se perdió, sino el hijo de perdición, para que la Escritura se cumpliese".

Juan 17:11-12

El desarrollo espiritual de cada creyente implica un rendimiento total al Espíritu de Dios pues, en el sentido espiritual somos piedras vivas, y el Espíritu Santo es quien se encarga de colocar cada piedra en su lugar, para ello el Señor requiere que cada persona se deje moldear por su Espíritu. Esta formación se va concretando, luego que la persona ha sido ganada para Cristo, en un proceso llamado Consolidación.

QUÉ ES CONSOLIDAR

Es la etapa que sigue a la entrega, en la cual el nuevo creyente recibe un cuidado permanente hasta que el carácter de Cristo sea plenamente formado en él, de manera que su vida cumpla con el propósito de Dios: Dar fruto que perdure.

El proceso de Consolidación le permite al pastor de la iglesia y/o líder de célula descubrir el potencial que hay en cada uno de los miembros despertando su capacidad para reproducirse en otros compartiendo y reafirmando el mensaje de Cristo.

EL EJEMPLO DE PABLO

"A quien anunciamos, amonestando a todo hombre, y enseñando a todo hombre en toda sabiduría, a fin de presentar perfecto en Cristo Jesús a todo hombre; para lo cual también trabajo, luchando según la potencia de él, la cual actúa poderosamente en mí"
Colosenses 1:28-29

Pablo, al convertirse al evangelio experimentó todo un proceso de transformación el cual se llevó a cabo en un lapso de tiempo. Por tener un corazón cerrado al cristianismo, el Señor tuvo que revelársele mientras éste se dirigía a Damasco con la determinación de poner tras las rejas a todos aquellos que hubiesen abrazado la fe del Mesías. El mismo Dios se le apareció en el camino y, por causa de Su resplandor, Saulo (su nombre original) cayó al piso. A continuación, oyó una voz que le decía: "Saulo, Saulo, ¿por qué me persigues?" (Hechos 9:4b). En ese momento, recibió la revelación de Jesús como Señor, y decidió someterse a todo aquello que Dios tuviese preparado para él. El Señor le ordenó que se quedase durante tres días en un determinado lugar, tiempo después del cual el profeta Ananías oraría por él, para que recibiera la vista que había perdido a causa del gran resplandor que lo detuvo en el camino. Después de este suceso, Saulo comenzó a predicar el Evangelio con todas sus fuerzas (Hechos 26:1-18). Todo esto había ocurrido en tan solo tres días. Saulo, quien es el mismo Pablo, sabía que si Dios lo había podido transformar a él en tan corto tiempo, también lo haría con cualquiera que estuviese dispuesto a creer en Él y a abrirle su corazón. Por tal motivo, Pablo se esforzó más que cualquier otro por llevar la palabra de Cristo a todo lugar donde nadie hubiese escuchado el mensaje de redención. Él sabía que la

salvación de las personas dependería de su predic
puso todo su esmero por llevar a cabo con éxito su

Anuncia

En su defensa ante el rey Agripa, Pablo dijo: "Por lo cual, oh rey Agripa, no fui rebelde a la visión celestial, sino que anuncié primeramente a los que están en Damasco, y Jerusalén, y por toda la tierra de Judea, y a los gentiles, que se arrepintiesen y se convirtiesen a Dios, haciendo obras dignas de arrepentimiento" (Hechos 26:19-20). El Apóstol tenía muy presentes las instrucciones que Dios le había dado en el momento de su llamado, cuando le dijo: "Pero levántate, y ponte sobre tus pies; porque para esto he aparecido a ti, para ponerte por ministro y testigo de las cosas que has visto, y de aquellas en que me apareceré a ti, librándote de tu pueblo, y de los gentiles, a quienes ahora te envío, para que abras sus ojos, para que se conviertan de las tinieblas a la luz, y de la potestad de Satanás a Dios; para que reciban, por la fe que es en mí, perdón de pecados y herencia entre los santificados" (Hechos 26:16-18).

Amonestando a todo hombre

Pablo lideraba confrontando a la gente con su pecado, haciendo que sintieran vergüenza de todo lo malo que habían hecho y volvieron así sus rostros a Dios. Pablo no era partícipe del pecado de nadie pues tenía un entendimiento claro de lo que en sí era vivir la vida cristiana. Él confrontó a la gente para que se volviera de las vanidades y de los ídolos al Dios verdadero. También amonestó a los líderes religiosos, aferrados a la tradición de la ley mosaica, a que abrieran su mente al hecho de que en Jesús se habían cumplido todas las profecías escritas en la Ley. Además, a los atenienses que se creían muy sabios, mas se encontraban a años luz de la verdad, les dijo: "Pero Dios, habiendo ado por alto los tiempos de esta ignorancia, ahora manda a todos los hombres en todo lugar, que se arrepientan" (Hechos 17:30).

En su carta a los romanos, el Apóstol revela las consecuencias a que los incrédulos están expuestos:

- "Porque la ira de Dios se revela desde el cielo contra toda impiedad e injusticia de los hombres que detienen con injusticia la verdad" (Romanos 1:18).
- "Pues habiendo conocido a Dios, no le glorificaron como a Dios, ni le dieron gracias, sino que se envanecieron en sus razonamientos, y su necio corazón fue entenebrecido" (Romanos 1:21).
- "Por lo cual también Dios los entregó a la inmundicia, en las concupiscencias de sus corazones, de modo que deshonraron entre sí sus propios cuerpos" (Romanos 1:24).
- "Por esto Dios los entregó a pasiones vergonzosas; pues aun sus mujeres cambiaron el uso natural por el que es contra naturaleza" (Romanos 1:26).
- "Y como ellos no aprobaron tener en cuenta a Dios, Dios los entregó a una mente reprobada, para hacer cosas que no convienen" (Romanos 1:28).

Enseñando a todo hombre en toda sabiduría

Pablo era un profundo conocedor de las Escrituras, y gracias a su encuentro personal con Jesús recibió un entendimiento muy claro del plan redentor de Dios para con el hombre. Toda la comprensión que había adquirido sobre el Antiguo Testamento ahora cobraba sentido para el Apóstol. Esto le condujo a un mayor desafío, èl de enseñar de una manera sencilla las grandes verdades para muchos ocultas en la Palabra de Dios, las cuales son reveladas a través del Espíritu Santo.

Si usted tiene el llamado de comunicar la Palabra de Dios, se encuentra frente a un importante reto. Aunque constituye un alto privilegio, también resulta ser una de las más grandes responsabilidades que tiene ante las personas y ante el Señor, ya que el predicador un día tendrá que darle cuentas por cada uno de los mensajes que manifestó, así como por su real motivación.

Días atrás compartía una enseñanza con los miembros del equipo, les decía, que más que palabras, comunicamos o reflejamos el espíritu. Si hay algo incorrecto en la vida del comunicador, lo que queda en las personas que reciben el mensaje no son las palabras bonitas que se dice sino el espíritu con el que se las transmite. La función del líder no es la de dar una charla como si fuera una cátedra en la universidad, sino que debe preparar y entrenar a sus discípulos para que ellos sean reproductores de vida. Dios nos escogió para que transmitamos vida a nuestra gente. Jesús dijo: "Y si el ciego guiare al ciego, ambos caerán en el hoyo" (Mateo 15:14).

Un líder que no tiene vida, tampoco puede darla

Quien no experimenta la prosperidad, no puede enseñar la prosperidad. Quien vive fracasado, no puede enseñar sobre el éxito. Quien vive en derrota, no puede instruir cómo ser un cristiano victorioso. El mensajero debe hallarse al mismo nivel del mensaje que expone. Una persona no puede enseñar pautas para tener el mejor hogar del mundo, si vive separado de su mujer, o bajo el mismo techo, pero en constante conflicto. Nadie puede dar de lo que no tiene. Debemos siempre evaluar nuestra vida, pues lo que compartamos con aquellos que estamos consolidando, será impartido a sus vidas.

Siendo líderes eficaces

La tierra está llena de líderes. Hoy en día, adquirir conocimiento es lo más fácil del mundo. Usted puede aprender acerca de cualquier tema en cuestión de segundos. Simplemente entre a el Internet, busque aquello en lo que esté interesado y encontrará un extenso menú disponible para profundizar en el contenido deseado. Pero el conocimiento no transmite vida. La Palabra de Dios es la que tiene un poder que transforma. Jesús es la Palabra, el Verbo. Usted puede tomar el mensaje más antiguo y convertirlo en el manjar más fresco, dándole unción y vida. Sólo se requiere entender el contexto en el cual está viviendo y comunicarlo con fe, de manera que transmita vida a quienes les rodean. El Señor tomó el ejemplo de la lluvia cuando cae sobre la tierra, y lo comparó con el proceso que tiene la Palabra (Isaías 55:10-11). La lluvia representa la Visión, y así como la lluvia llega hasta los extremos de la Tierra, la Palabra de Dios tiene que llegar a todos sus rincones. Ésta es la misión que Él nos ha encomendado, y tenemos que encargarnos de esto, y lo podemos hacer reproduciéndonos en discípulos que comuniquen el mensaje de salvación. Si logramos consolidar de una manera eficaz, con cada vida que ganamos para el Señor, podremos alcanzar las naciones.

Alcanzando la madurez espiritual

"...a fin de presentar perfecto en Cristo Jesús a todo hombre" (Colosenses 1:28b). Pablo tenía una meta bien definida para su ministerio; sabía con antelación lo que quería conseguir con cada una de las personas que discipulaba: Llevarlos a la madurez espiritual donde pudieran alcanzar la estatura de la plenitud de Cristo. Algo similar hemos entendido que es lo que cada pastor y líder debe hacer con sus discípulos. Para esto, la Visión de Dios proporcionó consistencia y solidez, y llevó a los creyentes a un alto grado de madurez, de tal modo que en momentos de crisis, cuando su fe fue puesta a prueba, lograron mantenerse firmes y alcanzar victoria total. El joyero que se jacta de que en su negocio sólo expone piezas de oro, debe estar dispuesto a que cualquier comprador le solicite pasar por el crisol, la pieza, de igual manera nosotros sabremos la clase de creyentes que hemos forjado en el momento en que aquellos enfrentan adversidad. Los que se mantengan firmes habrán demostrado que la Visión sí funciona, mas aquellos que permitan cosas incorrectas en sus corazones, sucumbirán en medio de la prueba. Consolidar a nuestros discípulos no solo les da esa fuerza interna sino que también les brinda un lugar dentro del cuerpo de Cristo. De esta manera, ellos podrán cumplir con el propósito divino. Determínese, a que desde hoy forjará líderes que pasarán los tiempos de prueba.

FUNDAMENTOS DE LA CONSOLIDACIÓN

Después de algunos años de haber iniciado la iglesia, y habiendo visto el respaldo del Señor en cuanto a ganar a muchas personas, junto con el liderazgo nos sentíamos felices, gozosos de ver que semana a semana concurrían nuevas personas. Luego, nos dimos cuenta que también había una gran rotación de cristianos, que una masa flotante andaba de iglesia en iglesia; no teníamos idea de cómo hacer para que esto no continuara siendo así. Concluimos que la única manera de lograrlo sería motivando a cada creyente a adquirir un compromiso firme con Dios y a esforzarse por dar fruto dentro de la obra. De este modo fuimos proporcionándoles las pautas para afirmarse primero en el Señor y luego para introducirse en el ministerio y así convertirse en canales de bendición para aquellos que estuviesen ganando para el Señor.

Una consolidación eficaz

La consolidación debe ser consecuente al hecho de ganar. Luchar en oración para que alguien se salve es muy diferente a estar detrás de él una vez que ya dio el paso de aceptar a Jesús en su corazón; podemos compararlo a los meses que espera una madre para que nazca su bebé y el posterior cuidado en el desarrollo del niño. Cuando éste es dado a luz, ella sabe que eso es solo el comienzo de un extenso proceso de formación, y que éste implicará dedicación, atención y paciencia. De la misma manera que el cuidado del bebé es responsabilidad de la madre, también el cuidado del recién convertido debe ser responsabilidad de aquellos que lo ganaron para el Señor Jesús. Observe que, durante los nueve meses de embarazo la madre fue llenando su corazón de expectativas en cuanto a su bebé, y cuando éste nace se produce una relación mucho más estrecha entre ella y su hijo. Antes de ganar a una persona para Jesús puede transcurrir un buen tiempo mientras ésta va tomando forma en el mundo espiritual a través de la oración y de la paciencia. Este proceso continúa hasta que su vida espiritual es dada a luz, es decir, cuando efectivamente acepta a Jesús en su corazón como Señor y Salvador.

ENGENDRANDO Y CUIDANDO

"Pues en Cristo Jesús yo os engendré por medio del evangelio" (1 Corintios 4:15). Podemos entender que los hijos son la extensión del carácter de los padres. Gracias a que el carácter de Cristo ha sido puesto en nosotros por la fe, también nosotros podremos, a través de la fe, engendrar ese mismo carácter en otros. En su carta a Filemón, Pablo intercede por su hijo espiritual Onésimo, a quien había procreado durante el tiempo en que estuvo preso. El apóstol tenía la certeza de que Onésimo había cambiado porque él mismo le dio seguimiento a su conversión; pudo ver que el carácter de Cristo que yacía en él

se había reproducido también en su discípulo. Por tal motivo, ahora lo estaba enviando de nuevo hacia donde estaba Filemón, por la plena convicción de que este hombre no volvería atrás. El apóstol le suplica que lo reciba como a él mismo (Filemón 10-12). Es interesante conocer que Pablo no permitió que Onésimo se quedara con él, sino que lo reintegró a Colosas, de donde había salido. Pablo no quiso enseñorearse de esta persona que amaba como a un hijo; sabía que estaba bajo autoridad y resolvió enviarlo nuevamente hacia ella.
De esto concluimos que:

- Debemos engendrar por medio del evangelio.
- Nuestros discípulos deben tener el carácter de Cristo.
- Una buena consolidación se verá en el testimonio de ellos.
- Debemos respetar al siervo ajeno.

La consolidación es un proceso que implica tiempo y concentración, y varía según la persona. Al comienzo, es significativo que cada nuevo creyente conozca acerca del nuevo camino que Jesús ha trazado para su vida, por eso es necesario e importante que tome tiempo para enseñarle acerca de las cuatro preciosas oportunidades.

CUATRO PRECIOSAS OPORTUNIDADES*

De la misma manera que Dios le da la oportunidad a una mujer de ser madre, también nos proporciona la ocasión de ganar y discipular personas para Cristo. Pero debemos entender que ganar y consolidar a los nuevos es consecuencia de la gran compasión que Jesús haya puesto en nuestros corazones. Así como un día recibimos la oportunidad de conocerlo como nuestro Señor y Salvador, también

Texto extraído de Pre-Encuentro, César Castellanos D. © 2005

nosotros debemos ayudar a los no creyentes, creando la ocasión para que también puedan llegar a un encuentro personal con Dios y se relacionen con Él de una manera permanente.

Todo hombre, mujer, joven o niño que alcanzamos para Jesús debe conocer acerca de las cuatro preciosas oportunidades que Dios pone delante de ellas:

Oportunidad de un encuentro con Jesús

"Y me buscaréis y me hallaréis, porque me buscaréis de todo vuestro corazón" (Jeremías 29:13). Sin importar cuán lejos alguien se hayan distanciado de Dios, debemos ayudarle a hacer un alto en el camino y a comprender la magnitud de su equivocación, volviendo su rostro a Dios y dirigiéndolo a un verdadero encuentro con el Salvador de sus almas. Algunos, al igual que el hijo pródigo, por causa de las circunstancias y los errores cometidos, se encuentran enfrentando toda clase de tribulaciones, y sienten que las puertas se les han cerrado. En lo íntimo saben que ese no es el género de vida que Dios ha preparado para ellos y presienten que existe un camino aún más excelente; mas no disciernen cómo alcanzarlo. Uno debe guiarlos a entender que la bendición de Dios no puede llegar a sus vidas hasta que hayan arreglado cuentas con Él. La única forma de que esto suceda es a través del arrepentimiento. No podemos justificarnos delante de Dios. Él sí conoce nuestras verdaderas intenciones, sabe perfectamente hasta lo más oculto de nuestro interior. El Apóstol Santiago dijo: "¡Oh almas adúlteras! ¿No sabéis que la amistad del mundo es enemistad contra Dios? Cualquiera, pues, que quiera ser amigo del mundo, se constituye enemigo de Dios" (Santiago 4:4). Es interesante notar que este escritor menciona "almas adulteras", no "cuerpos adúlteros", dando a entender que cuando se peca, se peca desde el alma; por ello el castigo primero es para el alma y luego para el cuerpo.

Oportunidad de reconciliación

"Me levantaré e iré a mi padre y le diré: Padre, he pecado contra el cielo y contra ti. Ya no soy digno de ser llamado tu hijo; hazme como a uno de tus jornaleros" (Lucas 15:18,19). El joven de la parábola decide no quedarse postrado en su baja condición y se arriesga a alcanzar otra oportunidad. Reconoce sus faltas y se lanza en la búsqueda de su padre para pedirle perdón. Solo podemos obtener una genuina reconciliación con nuestro Padre Celestial cuando reconocemos nuestra condición pecaminosa, cuando nos arrepentimos, renunciando a todo lo malo que hemos hecho en el pasado, suplicando la indulgencia por parte de Dios. Al hacer esto, Su mano se extiende, ofreciéndonos Su misericordia. "Si confesamos nuestros pecados, él es fiel y justo para perdonar nuestros pecados, y limpiarnos de toda maldad" (1 Juan 1:9).

Dios tratará con nosotros hasta que nos dobleguemos. El patriarca Job, una persona íntegra en el sentido de la palabra, llegó al punto de apoyarse en su propia rectitud. Cuando se encontró frente a frente con la adversidad, se aferró aun más a su propia integridad, al punto que llegó a pensar que si tenía un encuentro personal con Dios, Él lo premiaría por ello. "¡Quién me diera el saber dónde hallar a Dios! Yo iría hasta su silla. Expondría mi causa delante de él, Y llenaría mi boca de argumentos. Yo sabría lo que él me respondiese, y entendería lo que me dijera. ¿Contendería conmigo con grandeza de fuerza? No; antes él me atendería. Allí el justo razonaría con él; y yo escaparía para siempre de mi juez" (Job 23:3-7). En otras palabras, con esto Job estaba diciendo: Si tuviera oportunidad de hablar con Dios, sé que después de escucharme me daría toda la razón. Aunque Job había logrado doblegar muchos aspectos de su personalidad, hubo uno que le fue más difícil, el orgullo de su propia integridad. Si Job se hubiese resignado desde el principio de la prueba, se habría evitado meses de aflicción. Después de ser convencido por Dios de su propio pecado y de su ignorancia, Job tuvo que experimentar un verdadero arrepentimiento. "De oídas te había oído; mas ahora mis ojos te ven. Por tanto me aborrezco, y me arrepiento en polvo y ceniza" (Job 42:5,6). Cuando uno siente que no puede apoyarse en nada de uno mismo, que todas nuestras obras de justicia son como un trapo de inmundicia delante de los ojos del Señor, y que en verdad uno no es tan bueno como creía, es cuando sentimos que solo dependemos de la misericordia de Dios, y caemos en tierra y lloramos nuestros pecados. Algo similar vivencié cuando me convertí al Señor Jesús. Sentí que era el más grande pecador de este mundo y que lo que el Señor había hecho por mí no tenía precio. Esa misma noche tomé la decisión de servirle con todo mi corazón.

Oportunidad de restauración

"Mas Dios muestra su amor para con nosotros en que siendo aun pecadores, Cristo murió por nosotros" (Romanos 5:8). Todos nuestros pecados y errores merecían recibir un castigo, mas Dios aceptó que Su Hijo Jesucristo tomara nuestro lugar y pagara por ellos. En la parábola del hijo pródigo, el padre decide restaurar la dignidad que su hijo había perdido y hacer una gran fiesta de celebración, mandando sacrificar el becerro gordo en honor a su hijo que había regresado. Porque aquél a quien tenía por muerto había vuelto a la vida; y el que se había perdido, fue hallado (Lucas 15:24). Ese sacrificio es un prototipo del sacrificio de Cristo en la Cruz del Calvario, el único medio establecido por Dios para reconciliarnos consigo mismo. "En quien tenemos redención por su sangre, el perdón de pecados..." (Efesios 1:7a). El propósito de Dios con el hombre está encerrado en el término redención. Mediante Jesucristo, Dios se propuso redimir al mundo de pecado y abrirle la puerta a la salvación eterna. Hay tres palabras en griego que traducen "redención":

- ***Agorazo:*** Comprar en el mercado. Esta palabra encierra la idea de un mercado de esclavos.
- ***Exagorazo:*** Comprar y sacar del mercado. Ser redimidos equivale a no seguir expuestos a la venta.
- ***Lutroo:*** Soltar. Poner en libertad mediante el pago de un precio.

Estas tres palabras nos ayudan a entender que éramos esclavos del pecado porque Satanás tenía el control pleno de nuestras vidas, pero que Cristo se hizo hombre para tomar el acta de decretos existente contra nosotros y anularla en la Cruz del Calvario. La sangre derramada fue el precio que Cristo pagó para hacernos libres de la esclavitud. Su muerte en la Cruz nos dio plena libertad. De esta manera, fuimos redimidos del pecado.

Oportunidad de provisión

"Mas a todos los que le recibieron, a los que creen en su nombre, les dio la potestad de ser hechos hijos de Dios" (Juan 1:12). Dios nos trata como a hijos y nos vuelve a confiar todos los privilegios de este parentesco que por causa del pecado habíamos perdido. Él decide ponernos el mejor vestido, colocarnos el mejor calzado y entregarnos el anillo representativo de la autoridad que ahora gozamos como hijos Suyos. Por causa de nuestra fe en Jesús, Dios nos considera Su descendencia, haciéndonos partícipes de las mismas riquezas en gloria que posee Su Unigénito, Jesús. Esto que Él hizo por nosotros es lo que nosotros debemos hacer también por aquellos que nos rodean; pues nadie puede dar de lo que no tiene. "Porque por gracia sois salvos por medio de la fe; y esto no de vosotros, pues es don de Dios; no por obras, para que nadie se gloríe" (Efesios 2:8,9).

Reflexión

El proceso de Consolidación le permite al pastor de la iglesia y/o líder de célula descubrir el potencial que hay en cada uno de los miembros despertando su capacidad para reproducirse en otros compartiendo y reafirmando el mensaje de Cristo.

1. De acuerdo a lo que declara Juan 17:11-17; cuál es el propósito de la consolidación?

____

____

2. El deseo del corazón del Señor es que por medio de la Consolidación se desarrolle un proceso de cuidado hacia la vida de cada nuevo creyente. Transcriba qué es consolidar.

____

____

____

3. Al leer Colosenses 1:28-29, declare cuál era el propósito del Apóstol Pablo.

____

____

____

4. De la misma manera que Dios le da una oportunidad a una mujer de ser madre, Él también nos da una oportunidad de ganar y discipular personas para Jesús. Según Lucas 15:18-19 escriba y explique cuales son las cuatro preciosas oportunidades de la Consolidación.

Primera Oportunidad

____

____

Segunda Oportunidad

____

____

Tercera Oportunidad

____

____

Cuarta Oportunidad

____

____

5. La Consolidación debe ser consecuente al hecho de ganar; señale para usted cuál es en orden de importancia, en el proceso después de la entrega. Califíquelo como: (NI) *no importante,* (I) *importante,* (MI) *muy importante.*

______ Invitarlo a la reunión
______ Animarlo a que entregue su vida a Cristo
______ Orar para que siga adelante
______ Hacer un seguimiento responsable después de su entrega
______ Hacer una gran celebración por su decisión
______ Involucrarle al preencuentro

6. En su primera gira evangelística el Apóstol Pablo obtuvo un fruto abundante. Según Hechos 14:23 cuál fue la estrategia que uso el Apóstol para no permitir que su fruto se pierda.

VERSÍCULO CLAVE PARA MEMORIZAR: JUAN 1:12

Dinámica

"Y ya no estoy en el mundo; mas éstos están en el mundo, y yo voy a ti. Padre santo, a los que me has dado, guárdalos en tu nombre, para que sean uno, así como nosotros. Cuando estaba con ellos en el mundo, yo los guardaba en tu nombre; a los que me diste, yo los guardé, y ninguno de ellos se perdió, sino el hijo de perdición, para que la Escritura se cumpliese".

Juan 17:11-12

Definición

Es la etapa que sigue a la entrega, en la cual el nuevo creyente recibe un cuidado permanente hasta que el carácter de Cristo sea plenamente formado en él, de manera que su vida cumpla con el propósito de Dios: Dar fruto que perdure.

Propósitos

1. Presentar a todo hombre perfecto en Cristo (Colosenses 1:28-29)
2. Anunciar el evangelio (Hechos 26:19-20)
3. Confrontar a las personas con el pecado (Hechos 17:30)
4. Enseñar a toda persona en toda sabiduría
5. Alcanzar madurez espiritual (Colosenses 1:28b)

Fundamentos

1. Cada persona nueva permanecerá, cuando adquiere un compromiso firme con Dios
2. La consolidación eficaz implica: Dedicación, atención y paciencia.
3. Gracias a que el carácter de Cristo ha sido puesto en nosotros por la fe, también nosotros podremos, a través de la fe, engendrar ese mismo carácter en otros.
4. Conocer las cuatro preciosas oportunidades: Encuentro con Jesús. Reconciliación, restauración y provisión.

PASTOREANDO A LOS CORDEROS

Capítulo 02

"Cuando hubieron comido, Jesús dijo a Simón Pedro: Simón, hijo de Jonás, ¿me amas más que éstos? Le respondió: Sí, Señor; tú sabes que te amo. El le dijo: Apacienta mis corderos. Volvió a decirle la segunda vez: Simón, hijo de Jonás, ¿me amas? Pedro le respondió: Sí, Señor; tú sabes que te amo. Le dijo: Pastorea mis ovejas. Le dijo la tercera vez: Simón, hijo de Jonás, ¿me amas? Pedro se entristeció de que le dijese la tercera vez: ¿Me amas? y le respondió: Señor, tú lo sabes todo; tú sabes que te amo. Jesús le dijo: Apacienta mis ovejas".

Juan 21:15-17

Después de que el Señor resucitó de los muertos y se le apareció a Pedro, le preguntó: "¿Pedro, me amas?". Este mismo cuestionamiento se lo hizo tres veces. La segunda vez, Jesús agregó: "Pastorea mis corderos", dándole a entender que el pastor no debe olvidar la estrategia de trabajo con los recién nacidos a la vida de fe.

CADA PERSONA DEBE SER CONFRONTADA CON:

El amor de Dios

Este amor supera todo entendimiento, pues Dios nos ama no por lo que aparentamos ser o por lo que hemos logrado en el pasado, sino que Su amor se basa en el propósito por el cual fuimos traídos a este mundo. El amor de Dios nos fue revelado a través de Su Hijo Jesucristo (Juan 3:16). El amor es más que un sentimiento, siempre va acompañado de una acción. El amor de Dios fue expresado al enviar a Su Hijo a tomar el lugar y asumir la responsabilidad de cargos que se habían levantado contra la humanidad. Aunque el Padre sabía que el precio a pagar por la redención era muy alto, no obstante lo aceptó, y de este modo debió abandonar a Jesús en el momento en que éste más lo necesitaba. Aquel resultó ser el día más negro para el Hijo de Dios, cuando colgado del madero, después de varias horas de agonía, confiando que Su Padre le ayudaría, solo pudo percibir cómo Éste le dio la espalda y lo abandonó a la voluntad de Sus adversarios. Los cielos se estremecieron al oírlo clamar: "Dios mío, Dios mío, ¿por qué me has desamparado?" (Marcos 15:34b). El Padre tuvo que darle la espalda porque Jesús estaba cargando sobre sí la iniquidad de toda la humanidad apartada de Dios, a la cual estaba reemplazando en su castigo. El sacrificio de Cristo se convirtió en la más grande bendición para todos nosotros. Aunque para Jesús fue un día de tinieblas, para nosotros empezó a brillar la luz de la esperanza. Creer en Cristo significa que Su muerte pasó a ser la nuestra, y que en aquella Cruz quedaron clavadas todas nuestras rebeliones, todas nuestras iniquidades, todas nuestras enfermedades, todas nuestras opresiones. Las heridas de nuestro Señor fueron las que nos trajeron completa sanidad.

"Así que, como por la trasgresión de uno vino la condenación a todos los hombres, de la misma manera por la justicia de uno vino a todos los hombres la justificación de vida" (Romanos 5:18).

El amor de Dios se vio reflejado en la manera como ofreció a Su Hijo como sustituto de cada uno de nosotros, los que hemos creído en Él. Dios toma todo lo malo que nosotros éramos y a cambio nos da la plenitud de Jesús.

- Él toma nuestra maldición y a cambio nos da Su bendición.
- Él toma nuestra enfermedad y a cambio nos da la salud.
- Él toma toda nuestra opresión y a cambio nos da Su libertad.
- Él toma todo nuestro rechazo y a cambio nos da Su aceptación.
- Él toma toda nuestra pobreza y a cambio nos da Su prosperidad.
- Él toma todo nuestro fracaso y a cambio nos hace Sus hijos.
- Él toma nuestra vida de pecado y a cambio nos da Su santidad.
- Él toma toda nuestra tristeza y a cambio nos da Su infinito gozo.
- Él toma toda nuestra esterilidad y a cambio nos hace fructíferos.

El propio pecado

En el evangelio de Lucas, el Señor Jesús nos presenta uno de los cuadros más sorprendentes acerca de la manera como el pecado endurece los corazones y lleva a las personas a andar por sendas tenebrosas de maldad. Un padre de familia, el cual era muy próspero y cuyo hogar gozaba de perfecta armonía, un día fue sorprendido por su hijo menor, el cual le dijo: Dame la parte de los bienes que me corresponde a lo que el padre accedió. Aquel joven, tomando toda su herencia, la malgastó viviendo perdidamente, hasta que comenzó a faltarle. Y cuando no tenía nada, intentó encontrar ayuda, pero lo único que obtuvo fue un empleo cuidando cerdos; y ni siquiera podía comer su alimento. Hallándose en esa condición, recapacitó, volvió en sí y dijo: ¡Cuántos jornaleros hay en la casa de mi padre que tienen abundancia de pan, y yo aquí perezco de hambre! Me levantaré e iré a mi padre y le diré: Padre, he pecado contra el cielo y contra ti. Ya no soy digno de ser llamado tu hijo; hazme como a uno de tus jornaleros (Lucas 15:11-19). El hecho de que hubiese sido el hijo menor el que tomó esta mala decisión es una muestra de cómo las personas son expuestas desde una temprana edad a rebelarse en contra de las cosas de Dios. Este joven fue el que voluntariamente se distanció de Dios y, a causa de su propio pecado, levantó una barrera de separación entre él y la casa de su padre. Ahora, cualquiera que determina distanciarse en su relación con Dios, sin importar cuánto dinero tenga o cuán intelectual pueda ser, siempre generará los mismos resultados: vivirá sin rumbo fijo, divagando por el laberinto de este mundo, sin tener una directriz clara en su vida e irá de mal en peor.

El pecado produjo la más fuerte crisis en el hombre

El ser humano experimentó la muerte espiritual a causa de su pecado. Lo perdió todo desde el tiempo de Adán y Eva, cuando ellos hicieron uso de su libre albedrío, escogieron realizar su propia voluntad y prefirieron rebelarse contra Dios por seguir sus propios caminos. Salomón dijo: Hay camino que al hombre le parece derecho; pero su fin es de muerte (Proverbios 16:25). San Pablo enseñó: "Por tanto como el pecado entró en el mundo por un hombre, y por el pecado la muerte, así la muerte pasó a todos los hombres, por cuanto todos pecaron" (Romanos 5:12).

Por causa del pecado el hombre se envaneció en sus razonamientos

El adversario logró influenciar la mente de la primera pareja con vanos pensamientos, haciéndole creer que podían ser como Dios. Satanás, a través de la serpiente, dijo a la mujer: "No moriréis; sino que sabe Dios que el día que comáis de él, serán abiertos vuestros ojos, y seréis como Dios, sabiendo el bien y el mal" (Génesis 3:4-5). Algo similar hizo con el hijo pródigo: Le vendió la idea de que debía ser él mismo y que tenía que vivir la vida como mejor le pareciera, sin necesidad de darle cuentas a nadie. En la casa, su padre daba las directrices, pero él ya estaba bastante grande para que le dijeran qué tenía que hacer. Por ello, prefirió entrar en desacuerdo con su progenitor y se rebeló en su contra. San Pablo da una descripción de la manera como este mismo sentir ha afectado a la mayoría de los hombres: "Pues habiendo conocido a Dios, no le glorificaron como a Dios, ni le dieron gracias, sino que se envanecieron en sus razonamientos, y su necio corazón fue entenebrecido. Profesando ser sabios, se hicieron necios, y cambiaron la gloria del Dios incorruptible en semejanza de imagen de hombre corruptible, de aves, de cuadrúpedos y de reptiles. Por lo cual también Dios los entregó a la inmundicia, en las concupiscencias de sus corazones, de modo que deshonraron entre sí sus propios cuerpos, ya que cambiaron la verdad de Dios por la mentira, honrando y dando culto a las criaturas antes que al Creador, el cual es bendito por los siglos. Amén" (Romanos 1:21-25).

Por causa del pecado, el hombre conoció el mundo

Cuando el hombre pecó contra Dios, Él lo llamó y le dijo: ¿Dónde estás tú? Y él respondió: Oí tu voz en el huerto, y tuve miedo porque estaba desnudo; y me escondí" (Génesis 3:9-10). Al pecar, la primera experiencia angustiosa que el ser humano experimentó fue el temor. El proverbista dijo: "El temor del hombre pondrá lazo" (Proverbios 29:25). El hijo pródigo pensó que al estar lejos de su casa podría manejar la vida a su propio antojo, hasta que abrió sus ojos a la realidad, pues el dinero no dura para siempre. Cuando éste se estaba acabando, aunque trató de hallar apoyo en los "amigos" que había conocido en su mundo de pecado, todos ellos le dieron la espalda. Llegó al nivel más bajo que puede alcanzar el ser humano, no pudiendo ni siquiera comer de la comida de los cerdos que cuidaba. El Apóstol Juan nos advierte respecto de ello diciendo: "No améis al mundo, ni las cosas que están en el mundo. Si alguno ama al mundo, el amor del Padre no está en él. Porque todo lo que hay en el mundo, los deseos de la carne, los deseos de los ojos, y la vanagloria de la vida, no proviene del Padre, sino del mundo. Y el mundo pasa, y sus deseos; pero el que hace la voluntad de Dios permanece para siempre" (1 Juan 2:15-17). Salomón dijo: "El que encubre sus pecados no prosperará, mas el que los confiesa y se aparta alcanzará misericordia" (Proverbios 28:13). Por lo general, el ser humano tiende a justificarse a sí mismo por no querer enfrentar su vida pasada. Más debemos entender que la paga del pecado es muerte, mas la dádiva de Dios es vida eterna en Cristo.

Un verdadero arrepentimiento

El arrepentimiento no es una emoción sino una decisión de la voluntad seguida por una acción determinada. Es importante comprender que la palabra arrepentimiento deriva de un vocablo griego: metanoi que significa: tomar otra actitud o modo de pensar; esta actitud de cambio es la que produce el arrepentimiento.

El salmista dijo: "Oh Dios restáuranos; haz resplandecer tu rostro y seremos salvos" (Salmos 80:3). La palabra "restáuranos", usada por el salmista, significa literalmente: "haznos volver". El salmista sabía que si no había conversión, tampoco habría salvación. En el idioma hebreo, el vocablo arrepentimiento se define como: "volverse", que es similar a cuando uno va conduciendo en una dirección y se da cuenta que recorre el camino equivocado, entonces decide voltear o girar en U, o sea, ir en sentido contrario al que se transitaba; el arrepentimiento es igual a cuando nos damos cuenta de que hemos escogido el sendero erróneo y queremos rehacer nuestra vida, comenzar nuevamente.

En síntesis, el arrepentimiento es un cambio interno producido por la voluntad, llevando al individuo a dar un viraje total a su modo de pensar. Es un darle la espalda al pecado y volver el rostro a Dios. Cuando logramos dar este paso, nos convertimos en nuevas criaturas.

Todo lo que hicimos en el pasado y todas sus consecuencias van quedando atrás. Acercándonos a la Cruz de Cristo por medio del arrepentimiento logramos deshacernos de nuestra vieja naturaleza, y el Señor nos reviste de una nueva naturaleza, conforme a Su semejanza. "De modo que si alguno esta en Cristo, nueva criatura es, las cosas viejas pasaron; he aquí todas son hechas nuevas" (2 Corintios 5:17). Después del elocuente mensaje predicado por Pedro en la fiesta del Pentecostés, les dice a aquellos judíos con un deseo profundo de cambio en sus vidas: "Arrepentíos y bautícese cada uno de vosotros en el nombre de Jesucristo para perdón de pecados; y recibiréis el don del Espíritu Santo" (Hechos 2:38).

Piense por un momento en alguien que durante toda su vida ha estado cometiendo los pecados más abominables. De pronto, llega a la iglesia, escucha el mensaje de salvación y comienza en él un verdadero deseo de ser otro hombre, pero a la vez siente que las cosas del mundo le atraen fuertemente. La gente anhela cambiar, pero muchos no pueden lograrlo, porque no se deciden a confrontar su vida pasada, porque no sienten sincero dolor por sus pecados y no pueden humillarse ni quebrantarse delante de Dios. Al no poder hacerlo, el pasado los vuelve a atrapar, reduciéndolos de nuevo a la esclavitud.

Para el Apóstol Pablo era sumamente importante que cada persona que recibiera el mensaje primero fuera confrontada a un arrepentimiento. Este mensaje era predicado por él en todas las formas posibles: "Y como nada que fuese útil he rehuido de anunciaros y enseñaros, públicamente y por las casas, testificando a judíos y a gentiles acerca del arrepentimiento para con Dios, y de la fe de nuestro Señor Jesucristo" (Hechos 20:20-21). La doctrina del arrepentimiento es tema para recalcar donde quiera que tengamos oportunidad, ya sea en las reuniones en las casas, o en los templos; bien que tratemos con gente rica o pobre. Pues es lo único que nos puede conducir a la fe. El joven de la parábola del hijo pródigo volvió en sí y decidió regresar a la casa de su padre para pedirle una segunda oportunidad. Entendiendo que para que él tomara esa decisión, tuvo que librar muchas batallas en su mente, pero prevaleció su determinación y con un nuevo ánimo regresó a encontrarse con su padre. Éste ya presentía que en cualquier momento su hijo regresaría. Y cuando lo vio a lo lejos, lo reconoció inmediatamente, saliendo a su encuentro, lo besó y lo restauró, devolviéndole todo lo que tenía en un comienzo. Aunque el hijo le decía que no venía para que lo aceptara como hijo sino como siervo, el padre le restituyó toda la autoridad que antes tenía. Esto es exactamente lo mismo que Dios quiere hacer con nuestras vidas, restaurarnos plenamente y llevarnos a disfrutar de todas Sus bendiciones.

La importancia de conocer personalmente a Jesús

Hay determinadas cosas que ninguna otra persona puede hacer por nosotros. Una de ellas tiene que ver con nuestra salvación. El arrepentimiento nos lleva a reconocer nuestros pecados pero, al mismo tiempo, nos conduce a abrir voluntariamente nuestro corazón y a aceptar a Jesús como Señor y Salvador de nuestras vidas. "Mas a todos los que le recibieron, a los que creen en su nombre, les dio potestad de ser hechos hijos de Dios; los cuales no son engendrados de sangre, ni de voluntad de carne, ni de voluntad de varón, sino de Dios" (Juan 1:12-13). Aunque estamos viviendo en una sociedad que pretende sacar a Dios de en medio y que le ha dado una amplia publicidad a las ideas ateístas, materialistas, evolucionistas y paganas, el Espíritu Santo en el día de hoy nos dirige a una dimensión mucho más profunda en el conocimiento de Jesús. Así, podemos conocerle no como una filosofía ni como una religión, no como un mito, como una idea o como una tradición, sino como una persona que no está lejos de cada uno de nosotros. Él es alguien que se interesa y se preocupa por nuestras necesidades y que, si se lo permitimos, nos muestra la senda correcta y nos proporciona la estrategia para que en todo salgamos victoriosos. El Apóstol Pedro, hablando acerca de Jesús, dijo ante los líderes religiosos de su época: "Y en ningún otro hay salvación; porque no hay otro nombre bajo el cielo, dado a los hombres, en que podamos ser salvos" (Hechos 4:12).

El único hombre que ha impactado el mundo entero, a través de todos los siglos, indudablemente se llama Jesucristo. Aunque la historia ha seleccionado hombres que ha llamado "grandes", ya sea por sus conquistas, sus hazañas, por sus dotes políticas o por sus vidas religiosas, morales y filosóficas, ninguno se compara ni en lo más mínimo a nuestro Señor. Jesús fue ejecutor de lo que nunca ningún otro hará: dar Su propia vida en salvación por todos.

Podemos entender, entonces que:

- A Jesús sólo podemos conocerlo por revelación divina.
- La fe cristiana no es algo que se hereda o se recibe por medio de carne y sangre, sino que viene directamente del Padre que está en los cielos.
- Se tiene que hacer una confesión abierta de que Jesucristo es el Hijo de Dios.
- La roca sobre la cual descansa todo el edificio de la iglesia es Jesucristo.
- Nosotros nos convertimos en piedras pequeñas dentro del edificio de Dios que es la iglesia.

Testimonio de un chino convertido al cristianismo

Un chino comentaba la experiencia de su entrega total a Jesucristo de la siguiente manera: "Yo estaba en un pozo casi ahogado por el barro, clamando que alguien me ayudara. En eso apareció un anciano venerable que miró desde arriba y me dijo: Hijo, este es un lugar muy desagradable. Sí que lo es, respondí. ¿No puede usted ayudarme a salir de este lugar? Hijo mío, yo me llamo Confusio, si hubieras leído mis obras y seguido lo que ellas enseñan, nunca hubieras caído en ese pozo. Y al instante se fue, sin darme ninguna solución. Pronto vi otro gran personaje, esta vez era un hombre que se cruzaba de brazos y de pies, y cerraba los ojos como en meditación. Parecía estar muy lejos; era Buda. Él me dijo: Hijo mío, ponte en estado de reposo, no pienses en ninguna cosa desagradable y así podrás descansar como descanso yo. Le dije: Sí padre Buda, lo haré cuando salga del pozo, pero mientras tanto..., pero Buda ya se había ido. Estaba totalmente desesperado cuando se presentó otro personaje muy distinto. Vi en Su rostro las huellas del sufrimiento; era Jesús de Nazaret. Y le grité: ¡Padre! ¿Puedes ayudarme? Entonces Él bajó hasta donde yo estaba, me tomó en Sus brazos, me levantó y me sacó del pozo. Luego me dio de comer y me hizo descansar, y me dijo: Hijo, desde ahora caminaremos juntos".

JESÚS HA INSPIRADO A LA HUMANIDAD

"Jesús, quien nunca escribió un libro, inspiró al mayor número de escritores. Nunca cantó una melodía pero ha inspirado a los más grandes cantores y músicos. Nunca estudió medicina pero ha inspirado y sanado a millones de personas a través de las épocas. Nunca fundó una universidad pero ha dado más enseñanzas que cualquier otro hombre. Nadie ha escrito tanto acerca de Jesús como lo han hecho los creyentes, porque Jesús es el mismo Dios" (anónimo).

Nosotros los cristianos sabemos que Jesús es el Verbo de Dios, ese Verbo encarnado que ha existido por los siglos de los siglos. Sabemos también que en Él está la vida, que Él es la Luz del mundo, y que el que le sigue no andará en tinieblas. Conocemos que Él es el Pan de Vida, que es la resurrección y la Vida misma, y que aquél que creyere en Él aunque esté muerto vivirá, resucitará.

Reflexión

Así como Jesús, dejó al Consolador para que cuidara de Sus discípulos, el pastor no debe olvidar la estrategia de trabajo con los recién nacidos a la vida de fe.

1. Después que el Señor resucitó de los muertos y se le apareció a Pedro, le preguntó: "¿Pedro, me amas?". Según Juan 21 ¿Qué oportunidad estaba recibiendo Pedro?

____

____

____

2. Los recién nacidos a la vida en el espíritu deben ser confrontados con:

- ____________________________________
- ____________________________________
- ____________________________________
- ____________________________________

Lea Juan 3:16. ¿Según este texto que podemos enfatizar en la vida del nuevo creyente?

____

____

____

3. Cite cuatro beneficios que recibimos de parte de Jesús a cambio de lo que éramos antes.

5. Según lo leído en Lucas 15:17 ¿De qué manera fue confrontado este hombre?

6 ¿Cómo podemos aplicarlo con nuestros discípulos?

VERSÍCULO CLAVE PARA MEMORIZAR: HECHOS 20:20

Dinámica

"Cuando hubieron comido, Jesús dijo a Simón Pedro: Simón, hijo de Jonás, ¿me amas más que éstos? Le respondió: Sí, Señor; tú sabes que te amo. El le dijo: Apacienta mis corderos. Volvió a decirle la segunda vez: Simón, hijo de Jonás, ¿me amas? Pedro le respondió: Sí, Señor; tú sabes que te amo. Le dijo: Pastorea mis ovejas. Le dijo la tercera vez: Simón, hijo de Jonás, ¿me amas? Pedro se entristeció de que le dijese la tercera vez: ¿Me amas? y le respondió: Señor, tú lo sabes todo; tú sabes que te amo. Jesús le dijo: Apacienta mis ovejas".

Juan 21:15-17

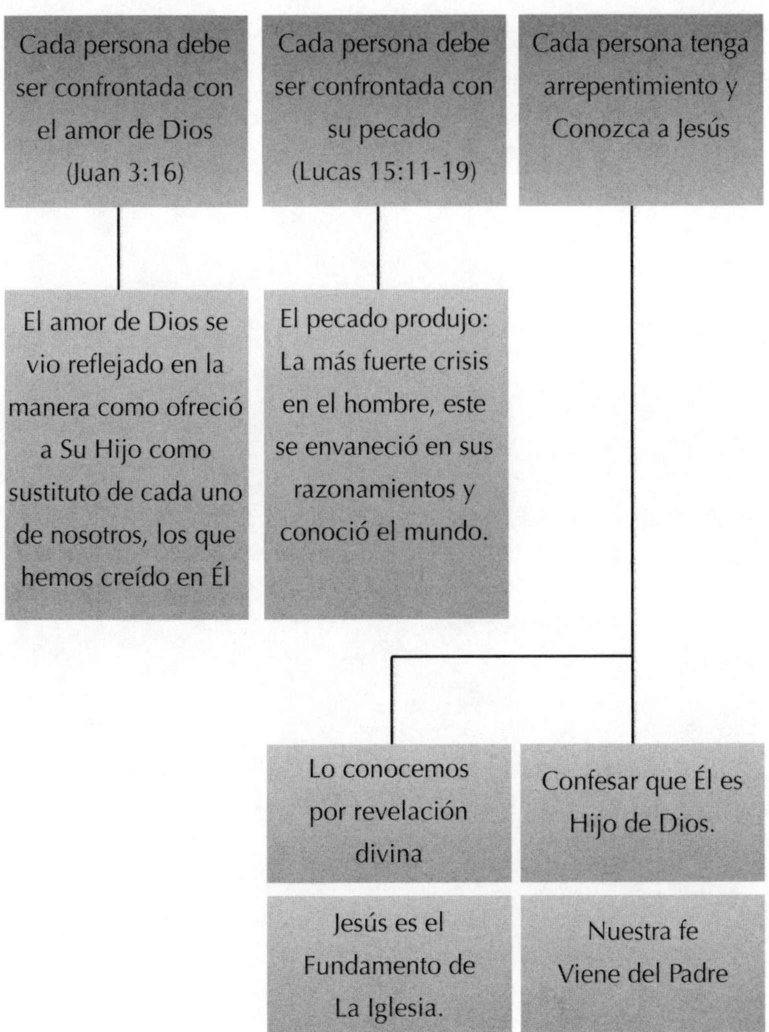
PASTOREANDO CORDEROS
Cada persona debe ser confrontada con el amor de Dios (Juan 3:16)
Cada persona debe ser confrontada con su pecado (Lucas 15:11-19)
Cada persona tenga arrepentimiento y Conozca a Jesús
El amor de Dios se vio reflejado en la manera como ofreció a Su Hijo como sustituto de cada uno de nosotros, los que hemos creído en Él
El pecado produjo: La más fuerte crisis en el hombre, este se envaneció en sus razonamientos y conoció el mundo.
Lo conocemos por revelación divina
Confesar que Él es Hijo de Dios.
Jesús es el Fundamento de La Iglesia.
Nuestra fe Viene del Padre

GANAR Y CONSOLIDAR

Capítulo 03

"Así que, los que recibieron su palabra fueron bautizados; y se añadieron aquel día como tres mil personas. Y perseveraban en la doctrina de los apóstoles, en la comunión unos con otros, en el partimiento del pan y en las oraciones".

Hechos 2:41-42

El gran desafío para la Iglesia de Jesucristo en los días actuales, además de ganar, es desarrollar la habilidad de retener el fruto. Uno de los grandes dilemas que vive la mayoría de las comunidades cristianas no radica tanto en no llegar a la gente, sino en no haber sabido como administrar el fruto que Dios les ha entregado. Es muy importante prestar atención a las necesidades específicas de la gente y ministrar de acuerdo a cada una de ellas. Si podemos ofrecerle solución a sus problemas, la gente vendrá a nosotros donde sea que estemos. Dios debe darnos la gracia para ganar almas, porque hay tanta hambre de Él que con una sola palabra que digamos bastará para que el Señor obre en las vidas. La consolidación tiene que ver con la habilidad que Dios nos da para retenerlos en Sus caminos y formarlos de tal modo que permanezcan en ellos.

La base de la consolidación está en ganar a través de la predicación

Dios llamó a Pablo a compartir las buenas nuevas del evangelio (Hechos 16:10). Nosotros también debemos anunciar a todo hombre el Evangelio de Jesús, proclamando Sus grandes verdades. En la época del Apóstol había mucha oposición; los gentiles rechazaban a los judíos, y los judíos rechazaban a los cristianos. Entonces, ¿cómo hacía Pablo para predicar y lograr que lo escucharan? Siendo un buen observador, y, a partir de ello, creando el ambiente propicio. "Por lo cual, siendo libre de todos, me he hecho siervo de todos para ganar a mayor número" (1 Corintios 9:19). La eficacia del ministerio de Pablo radica en que él logró ponerse al mismo nivel de la gente y, en su mismo lenguaje, pudo ganarlos para Cristo. El área en que nos hemos desarrollado, en la que nos hemos capacitado, es el área en que Dios nos quiere usar.

Enseñando a todo hombre en toda sabiduría

Pablo tenía como meta presentar perfecto en Cristo Jesús a todo hombre (Colosenses 1:28). Esto significa que cada persona debe transitar un proceso que comienza con su conversión y continúa hasta llegar a la madurez espiritual. Cuando esto sucede, se alcanza la estatura de la plenitud de Cristo.

Para cuidar un hijo, protegerlo, alimentarlo, educarlo, lo primero que se requiere es haberlo concebido, engendrado y dado a luz. Paralelamente, usted no puede consolidar sin ganar. Aunque conozca todos los pasos de la Visión, si no tiene la gracia para ganar, será inútil, porque de nada sirve esta Visión si no ganamos almas para Cristo.

"Porque aunque tengáis diez mil ayos en Cristo, no tendréis muchos padres; pues en Cristo Jesús yo os engendré por medio del evangelio" (1 Corintios 4:15). El ayo y la nodriza son aquellas personas dedicadas a cuidar bebés. Lo que Pablo les decía en este versículo es que aunque hubiera diez mil consolidándolos, solo tendrían un padre, quien los había traído a los pies del Señor; y ese padre era él. El apóstol nos enseña que la labor del consolidador es ser padre y ser ayo. La tarea del consolidador no termina cuando lleva a la persona a la iglesia. Cuando alguien viene a la fe, acepta a Jesús y tiene la experiencia del nuevo nacimiento, ahí recién comienza el verdadero trabajo de consolidación. Cuando alguien nace al Evangelio, se requiere el inmediato contacto del consolidador. En el momento en que la persona abre el corazón y empieza a expresarse, es el consolidador quien empieza a contrarrestar los argumentos, a debilitar todo prejuicio, a orientar, ayudar y desatar vida en él o ella.

PRINCIPIOS DE LA CONSOLIDACIÓN

1 *Verificar la entrega*

La Palabra de Dios dice: "Así que, los que recibieron su palabra fueron bautizados; y se añadieron aquel día como tres mil personas. Y perseveraban en la doctrina de los apóstoles, en la comunión unos con otros, en el partimiento del pan y en las oraciones" (Hechos 2:41,42). Note que la consolidación en la iglesia primitiva era un trabajo eficaz, porque primero los orientaban, luego los instruían, y finalmente todos los que habían aceptado a Jesús eran bautizados y verificados sus datos. Esto último surge de la mención bíblica acerca de la cantidad que se añadió a la Iglesia, lo cual significa que llevaban un registro de los convertidos.

2 *Perseverar en la doctrina de los apóstoles*

La doctrina de los apóstoles es la base de la formación espiritual del creyente. Dentro de ella podemos distinguir tres ingredientes: *Primero,* la leche espiritual. "Desead, como niños recién nacidos, la leche espiritual no adulterada, para que por ella crezcáis para salvación" (1 Pedro 2:2).

Segundo, el pan de la Palabra de Dios. El Señor lo enseñó de este modo:" El respondió y dijo: Escrito está: No sólo de pan vivirá el hombre, sino de toda palabra que sale de la boca de Dios" (Mateo 4:4). Si se da pan a un bebé, éste se atragantará, porque no está preparado para comerlo, sino sólo para tomar leche. Más cuando el niño ha alcanzado cierto crecimiento en su desarrollo natural es el momento de sustentarlo también con pan.

Tercero, la comida sólida. La Palabra nos dice que ésta es para los que han adquirido cierta madurez, para quienes tienen sus sentidos desarrollados (Hebreos 5:14). Esto se da cuando se logra entender ciertos tópicos y principios de la Palabra de Dios, cuando se leen las Escrituras y se puede sacar el máximo provecho de ellas, cuando uno se reúne con personas que tienen un conocimiento profundo de la Palabra de Dios y puede ponerse a la par de ellos e intercambiar revelaciones de sus grandes verdades, de su sabio contenido, del rhema de Dios para cada uno y para todos.

3 *La comunión unos con otros*

Dios nos creó como seres sociales, por lo tanto, Él se goza cuando hay una correcta relación entre nosotros. El éxito de la labor ministerial de un consolidador depende de la relación entre él y la persona consolidada. Es un vínculo similar a la de un padre o una madre con sus hijos, una relación continua. Nuestra vida depende de las relaciones que logremos desarrollar.

Algo que notamos dentro de la Visión es que cuando las personas llegan a la iglesia y entran en el proceso de consolidación y discipulado, sienten que son importantes, que son valiosas, porque hay un grupo que los recibe, que quiere que estén en su célula, que los animan a ir a un Encuentro y a concurrir periódicamente a las reuniones. Todo eso los hace sentir como en familia. La iglesia primitiva cultivó esta práctica, y por eso tenían compañerismo unos con otros, el cual se establece mayormente en grupos pequeños. En las iglesias grandes, una persona puede entrar y salir, y nadie darse cuenta. Pero a través de las células, podemos conocernos y detectar quién asiste y quién no. Pero, como la célula nos permite un contacto más cercano, cada vez que vamos a la Casa del Señor, nos resulta fácil divisar quienes concurren y quienes están ausentes.

4 *Participar del partimiento del pan*

Los creyentes de aquel entonces fueron guiados por Dios a tener periódicas reuniones en pequeños grupos, las cuales conforman hoy en día las células, núcleos o grupos familiares. Estas reuniones se hacían en las casas, y allí participaban tanto del pan espiritual como del pan material. "Y perseverando unánimes cada día en el templo, y partiendo el pan en las casas, comían juntos con alegría y sencillez de corazón, alabando a Dios, y teniendo favor con todo el pueblo. Y el Señor añadía cada día a la iglesia los que habían de ser salvos" (Hechos 2:46-47).

5 *Perseverar en la oración*

La oración debe ser un modo de vida para cada creyente. De ella depende que nos mantengamos en la senda correcta. No hacerlo implicaría romper toda comunicación con Dios. Jesús mismo nos dice que debemos velar y orar. Los apóstoles siempre se esforzaron por mantener a toda la iglesia participando de una permanente vida de oración. El aplicar estos principios con cada creyente les trajo resultados increíbles, el verificar su entrega, adoctrinarles, la comunión unos con otros, llevarles a una vida de santidad y la oración llevó a que retuvieran las multitudes.

La Consolidación es más que un método o un entrenamiento que debemos seguir sin olvidar lo fundamental; debe ir ligada al corazón de Dios, pues al hacerlo el cuidado permanente que le demos al nuevo creyente le ayudará a permanecer aún en medio de la prueba. Para ello es importante enseñar al nuevo qué elementos debe poner en práctica para crecer en su vida cristiana.

a. Hábleles de la necesidad de ser discípulo y no solamente un asistente a la iglesia. Ser discípulo es estar dispuesto a seguir a Cristo cada día obedeciendo Su palabra.

b. Enséñeles a separar un tiempo diario para leer la Biblia y meditar lo leído haciendo estas tres preguntas:
   - ¿Qué me dice Dios?
   - ¿Qué me manda Dios? Lo que espera que realice.
   - ¿Qué me promete Dios? Qué promesa me invita el Señor a reclamar.

c. Enséñeles a orar de forma conversacional, expresando la oración de manera espontánea y sincera, mostrándoles la oración como alabanza, petición, confesión e intercesión.

REFLEXIÓN

El gran desafío para la Iglesia de Jesucristo en los días actuales, además de ganar, es desarrollar la habilidad de retener el fruto.

1. Siendo la base de la Consolidación el ganar a través de la predicación cite según 1 Corintios 9:19-22, la estrategia que Pablo utilizó para ganar más numero de personas.

____

____

____

2. El ayo y la nodriza son aquellas personas dedicadas a cuidar bebés. Lo que Pablo les decía en este versículo es que aunque hubiera diez mil personas consolidándolos, solo tendrían un padre, quien los había traído a los pies del Señor; y ese padre era él. Explique, en cortas palabras, lo que quiso transmitir Pablo en el siguiente texto: 1 Corintios 4:15.

____

____

____

____

____

____

3. Según Hechos 2:46 las tres mil personas convertidas en la predicación de Pedro, ¿Perseveraron basados en qué principios?

a. La D____________ de los A______________

b. La____________unos___ o______________

c. P____________del____________

d. O____________________________

4. Enseguida que las personas hacían su decisión por Cristo inmediatamente las bautizaban. ¿Qué paso es éste?

a. Fono visita

c. La verificación de la entrega

b. Bienvenida

d. La visita

VERSÍCULO CLAVE PARA MEMORIZAR: HECHOS 2:41-42

Evaluación Personal

a. De las características que distinguen a un consolidador, ¿cuáles posee usted?

b. ¿Qué hará para desarrollar aquellas que le faltan?

DINÁMICA

"Así que, los que recibieron su palabra fueron bautizados; y se añadieron aquel día como tres mil personas. Y perseveraban en la doctrina de los apóstoles, en la comunión unos con otros, en el partimiento del pan y en las oraciones".

Hechos 2:41-42

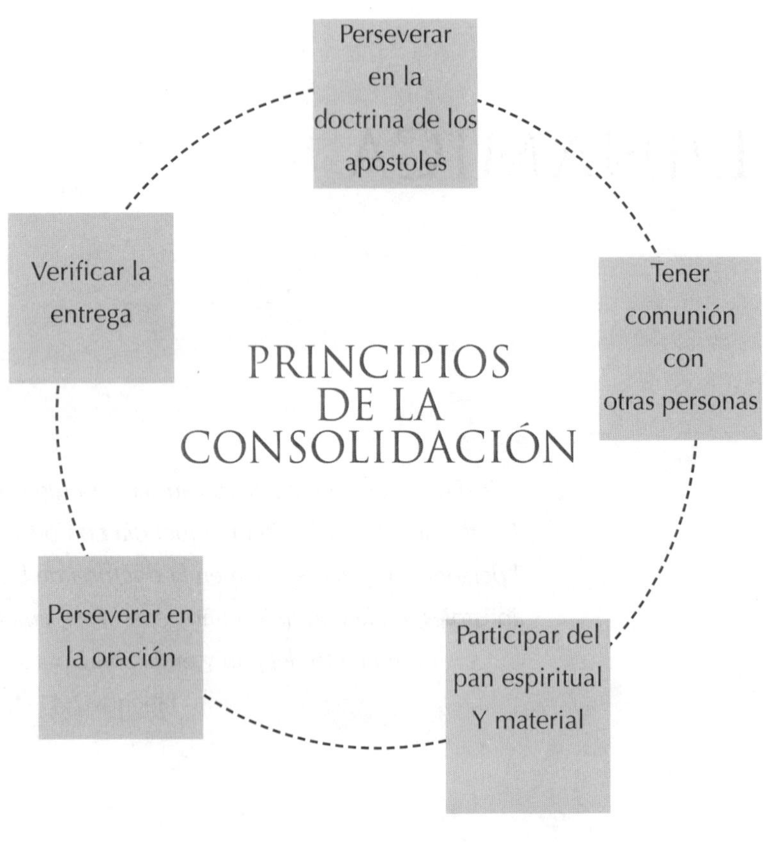

LA BASE DE LA CONSOLIDACIÓN ESTÁ EN GANAR A TRAVÉS DE LA PREDICACIÓN

EL ESPÍRITU SANTO Y LA CONSOLIDACIÓN

Capítulo 04

"Y yo rogaré al Padre, y os dará otro Consolador, para que esté con vosotros para siempre".
Juan 14:16

EL ESPÍRITU SANTO FUE QUIEN CONSOLIDÓ LA IGLESIA PRIMITIVA

Poco antes de que Jesús partiera de este mundo, reunió a sus discípulos y les habló acerca del Espíritu Santo, quien vendría a tomar su lugar y a consolidar de una manera eficaz a la Iglesia. Mientras Jesús permaneció con sus discípulos, Él cuidó de ellos de una manera especial. Mas, previendo que la consolidación era un trabajo que demandaría más tiempo, y que debía extenderse a futuras generaciones de creyentes, consideró dejar una Persona con Su mismo corazón. La más idónea para realizar la tarea resultó ser el Espíritu Santo.

EL CONSOLADOR

Todo consolidador debe aprender a consolar al nuevo, como lo hizo el Espíritu Santo con los creyentes de la Iglesia primitiva. Jesús dijo: "Y yo rogaré al Padre, y os dará otro Consolador, para que esté con vosotros para siempre" (Juan 14:16). Una de las necesidades más apremiantes del ser humano es llenar los vacíos emocionales de su corazón. La gran mayoría de la gente ha sido víctima del rechazo, ha sido maltratada, humillada y menospreciada, y no tiene a quién acudir. Mientras Jesús estuvo en este mundo, Él pudo suplir las necesidades de las personas, y ese fue el rostro que le dio a Su ministerio. En su primera conferencia en público, llevada a cabo en una sinagoga,

Cristo leyó lo que el profeta Isaías había escrito sobre la manera como Él desarrollaría Su ministerio: "El Espíritu del Señor está sobre mí, por cuanto me ha ungido para dar buenas nuevas a los pobres; me ha enviado a sanar a los quebrantados de corazón; a pregonar libertad a los cautivos, y vista a los ciegos; a poner en libertad a los oprimidos; a predicar el año agradable del Señor" (Lucas 4:18,19). El Maestro sabía que para poder consolar eficazmente a las personas precisaría la ayuda del Espíritu Santo, pues el corazón de Dios arde de compasión por aquellos que se sienten desprotegidos en este mundo.

La sanidad del alma es una de las principales obras que el Espíritu quiere realizar en aquellos que se han sentido lastimados en su interior. Jesús, como el buen samaritano, dejó a un lado Sus actividades para dedicarse a sanar el corazón de un hombre herido. Eso es exactamente lo que Dios quiere que nosotros como siervos suyos hagamos con quienes nos rodean. Somos conscientes que Satanás ha esclavizado a las personas con vicios, malos pensamientos, vanas palabras, etc., pero también sabemos que Cristo vino a esta Tierra para deshacer toda obra del diablo.

El consolidador debe estar muy pendiente del proceso de crecimiento en la vida de fe de los nuevos convertidos; deben permanecer atentos para ayudarles a superar las luchas con aquello que los esclavizó en el pasado.

"Dar vista a los ciegos" tiene que ver con la importancia de que las personas recobren la visión espiritual, con la cual no sólo podrán ver todas las bendiciones que Dios ya conquistó para ellos en el mundo espiritual (Efesios 1:3), sino también entender el propósito que Él predeterminó para su desarrollo ministerial.

Una de las maneras como el adversario oprime a las personas es por medio de argumentos mentales. Estos se convierten en la llave que abre la puerta a los diferentes espíritus impuros de maldad. Mas la misma Palabra de Dios, al ser comprendida e incorporada al estilo de vida, trae liberación de toda clase de opresión.

NO OS DEJARÉ HUÉRFANOS

Dios nos bendijo al darnos el privilegio de ser adoptados como hijos Suyos. Jesús sabía que después de Su partida de este mundo Sus discípulos deberían enfrentarse ante la crisis de la paternidad. Mas Él, anticipándose a esta situación, les dijo: "No os dejaré huérfanos, vendré a vosotros" (Juan 14:18). En la persona del Espíritu Santo, de una manera similar, Dios no quiere que dejemos desamparados a los nuevos creyentes, sino que desea que nosotros mismos les brindemos un cuidado especial, a fin de que ellos puedan crecer con la bendición de la paternidad espiritual. No debemos dejarlos solos en la tarea de hallar un sitio donde se sientan cómodos; debemos ser quienes los guíen a un lugar protegido. Pues sabemos que cuando las personas se encuentran sin dirección, se sienten como huérfanos. La clave en el trabajo de consolidación es que el creyente pueda restaurar la paternidad de Dios en la vida de los nuevos convertidos; y la mejor manera de hacerlo es presentándose ellos mismos como ejemplo.

El doctor Derek Prince adoptó nueve hijos en su primer matrimonio. Luego, al morir su esposa, se casó nuevamente y adoptó tres más. Cuando ya tenía once, mientras realizaba una obra misionera en África, llegó a su casa una mujer con un bebé desnutrido en sus brazos y en una situación realmente lamentable. Esa mamá le dijo: "Yo sé que usted me puede ayudar. No puedo alimentar a mi hija, no tengo cómo cuidar de ella. Por favor, adóptela". A lo que él le respondió: "Es una pena dolorosa para mí, pero con mi esposa ya tomamos la decisión de no volver a adoptar más niños. Lo siento no lo podemos hacer". La mujer le respondió: "Está bien, gracias de todos modos, pero déjeme quedarme al menos unos treinta minutos aquí para descansar. Luego me iré". Cuando la señora se levantó para salir del lugar, en el momento en que se despedía, la bebita estiró sus brazos hacia el doctor Prince. Él tomó tal acontecimiento como una señal de parte de Dios de que la debía adoptar y, deteniendo a la señora, le dijo: "Un momento, cambié de opinión, adoptaremos a la niña". La recompensa de este acto de amor vino después de que la educaron y la formaron; aquella niña les trajo tanta alegría como nunca llegaron a imaginar que recibirían. En la actualidad, ella es una tremenda misionera en Israel, por la inmensa compasión que Dios le dio hacia el pueblo judío.

Cuando se adopta un hijo, éste adquiere los mismos derechos que el hijo legítimo. Ambos son partícipes de la misma herencia, de la misma familia, del mismo trato y de los mismos privilegios. Cuando vinimos a los pies del Señor, ¿cómo nos encontrábamos? La mayoría de nosotros estaba en una situación bastante lamentable, como si no tuviéramos ni padre ni madre. Nos hallábamos desamparados, desnutridos y desnudos espiritualmente. El Señor nos miró y vio tanta suciedad, tanta fealdad, que pudo haber pensado "Pero si yo ya tengo un pueblo propio, el pueblo de Israel; con ellos estoy más que satisfecho". Dios pudo habernos tenido como a extraños, pero no lo hizo. Aunque no había para nosotros esperanza de redención, Él extendió Su misericordia y nos amó de pura gracia. Nosotros, al igual que aquella bebita desnutrida, le extendimos nuestros brazos y Él fue movido a misericordia. A pesar de no ser Su pueblo original, nos hizo pueblo Suyo. Aunque no éramos Sus hijos legítimos, nos adoptó como tales y le plació darnos los mismos derechos y privilegios que al pueblo de Israel.

EL ESPÍRITU SANTO OS ENSEÑARÁ TODAS LAS COSAS

Dios nos confió la gran responsabilidad de rescatar las almas y llevarlas al conocimiento de la verdad. La misma experiencia nos ha enseñado que al seguir cuidadosamente cada uno de los pasos de la Visión, las personas fácilmente van aprendiendo a relacionarse con Dios; y a la vez se van volviendo influencia en la vida de otros. En corto tiempo, ellos pueden ser parte del ministerio. Pero cada líder debe ser muy cuidadoso en enseñar correctamente la Visión a sus discípulos. Pablo dijo: "Por tanto, nosotros todos, mirando a cara descubierta como en un espejo la gloria del Señor, somos transformados de gloria en gloria en la misma imagen, como por el Espíritu del Señor" (2 Corintios 3:18).

ENTRANDO EN LO SOBRENATURAL

¿Cómo nos podemos preparar para hacer la obra de Dios de una manera eficaz? Sin lugar a dudas, entrando en la dimensión de lo sobrenatural, disfrutando de una genuina intimidad con Dios y guardando la certeza de que el Espíritu de Dios habla directamente a nuestro corazón. Necesitamos recibir Su consejo para poder comunicar a nuestros discípulos las revelaciones de las verdades divinas.

ANDANDO EN EL ESPÍRITU

El Apóstol Pablo fue un hombre que entendió lo que es andar en el Espíritu. Él mismo dijo a los creyentes de Corinto que oraba en el espíritu más que todos los otros; Pablo aprendió el secreto de la oración. Si usted ha sido llamado a ministrar el evangelio de Jesucristo, debe saber cómo orar en el espíritu. Si usted experimenta esta clase de oración jamás volverá a ser el mismo; revolucionará completamente su mentalidad, su familia, sus finanzas y todo su ministerio, porque penetrará en la dimensión de lo sobrenatural.

A veces preferimos orar por unos instantes, apurados y le decimos: "Señor, dispongo de diez minutos. Por favor, en estos diez minutos quiero que me des la palabra rhema; deseo que me otorgues visiones, revelaciones y sueños. Tú sabes que tengo muchas actividades, y solamente te doy diez minutos para que me ministres todo lo que me tienes que ministrar". Cuando invocamos a Dios de ese modo, Él no puede trabajar con nosotros porque Dios necesita de nuestro tiempo. Debemos practicar la oración sin permitir ninguna clase de presión. Escoja las horas de la noche, o las de la madrugada, donde no sea posible interrupción alguna. El Señor Jesús se levantaba muy temprano al alba, cuando todo aún estaba oscuro, y se apartaba a orar. Usted tiene que buscar la hora clave en la que sea improbable que suene el teléfono, o que toquen el timbre de la puerta de su casa, o que su familia pueda incomodarlo; un tiempo en el que pueda lograr la más bella y completa intimidad con Dios, para entrar en la dimensión del Espíritu.

SU PRESENCIA NOS TRANSFORMA

Cuando entramos en intimidad con el Espíritu Santo, comenzamos a ver cuan indignos somos, cuantas ataduras tenemos. Pero, si logramos desprendernos de nuestra naturaleza y la dejamos a un lado, sufrimos un verdadero cambio. Nos transformamos de personas naturales a personas espirituales, y pasamos a ser uno con Dios; nos podemos mover en el mismo nivel del Padre, hablar Su lenguaje, caminar en la dirección de Su Espíritu, porque nuestra vida ha sido transformada.

OS RECORDARÁ TODO LO QUE YO OS HE DICHO

El Espíritu Santo siempre llega en el momento preciso, nunca llega tarde ni tampoco temprano. Él está justo en el momento en que lo necesitamos, trayéndonos la Palabra exacta en el momento oportuno. Jesús dijo: "...él os enseñará todas las cosas, y os recordará todo lo que yo os he dicho" (Juan 14:26b).

Cuando Jesús estaba librando una de las batallas espirituales más fuertes, al inicio de Su ministerio, el enemigo vino a Él para provocarlo; mas el Señor siempre tuvo la palabra acertada en su boca para contrarrestar la tentación. Cada palabra vino a la mente de Jesús de una manera tan nítida y firme que el adversario tuvo que apartarse de Él (Mateo 4:11). El consolidador debe invertir tiempo en los nuevos creyentes, entendiendo que durante el proceso de formación, ellos están librando tremendas batallas en sus mentes. Satanás tratará por todos los medios de apartarlos de la senda de la luz; es justo en ese momento donde debemos llegar a ellos con palabras de fe y de esperanza.

Continuamente debemos estar repitiéndoles a nuestros discípulos cada una de las enseñanzas que hemos recibido; debemos recordárselas tantas veces como sea necesario hasta que ellas sean parte de su vida. Al igual que en la época de Moisés, el Señor nos dice: "Y estas palabras que yo te mando hoy, estarán sobre tu corazón; y las repetirás a tus hijos, y hablarás de ellas estando en tu casa, y andando por el camino, y al acostarte, y cuando te levantes. Y las atarás como una señal en tu mano, y estarán como frontales entre tus ojos; y las escribirás en los postes de tu casa, y en tus puertas" (Deuteronomio 6:6-9).

Las personas que han logrado un éxito muy amplio en el ministerio, aún por encima de sus consiervos, son aquellos que aplicaron correctamente la Visión. Desarrollarla implica mantener la pureza de la misma, meditar en ella de día y de noche. Porque la Visión produce un fuego que es la pasión por ganar a los perdidos, mientras mantiene latente la compasión.

Temer y honrar a Dios implica tener la habilidad de reproducir la Visión en cada uno de nuestros discípulos. Debe haber una confesión permanente de la Visión. La manera como alcanzamos este objetivo es transmitiendo el mensaje del domingo en la reunión de G12, y luego en las células. Tratamos de que durante la semana sea la palabra que esté en los aires; por lo cual, como pastores, nos esforzamos cada domingo en dar el consejo específico de Dios para Su pueblo. Sabemos que ese es el alimento que tendrán nuestros discípulos durante una semana, lo cual es una gran responsabilidad delante de Dios.

La Visión debe estar siempre en el centro de nuestros pensamientos. La Visión de la multiplicación no es sólo una inspiración que se recibe en una reunión ungida y motivadora. La Visión debe llegar hasta nuestra mente y nuestro corazón, y debemos atesorarla en el pensamiento. 'Llevarla en la frente' significa no quitarle los ojos, no dejar de pensar en ella hasta lograr lo que Dios nos ha confiado. Honramos a Dios cuando ponemos la Visión al alcance de todos. El Señor dijo a Habacuc: "Y Jehová me respondió, y dijo: Escribe la visión, y declárala en tablas, para que corra el que leyere en ella" (Habacuc 2:2). Gracias a Dios, la Visión hoy en día está al alcance de todas las personas, y la palabra impresa es útil para que no olvidemos un solo instante cuáles son los pasos a seguir dentro de la Visión, para que no nos desviemos de la senda y podamos ver los resultados anhelados.

PARA QUE ESTÉ CON USTEDES PARA SIEMPRE (Juan 14:16b)

Moisés rehusaba continuar su jornada si no tenía la certeza de que Dios estaría con él. La respuesta del Señor fue: "Mi presencia irá contigo y te daré descanso" (Éxodo 33:14). Cada persona que ha entrado en el ministerio necesita la plena convicción de que el Señor lo está acompañando en cada uno de los pasos que da. De la misma manera, como Dios nos ayuda a nosotros, también debemos hacer lo mismo con cada uno de los nuevos. Debemos comprometernos a respaldarlos con nuestra presencia y con las enseñanzas que hayamos recibido de nuestros líderes. Pensemos en el padre que está muy pendiente al observar a su pequeño hijo que hace lo imposible por dar sus primeros pasos, su bebé comenzó a desarrollar fortaleza muscular y está alcanzando la coordinación necesaria para comenzar a caminar solito. ¡Qué días emocionantes! Primero se para, luego se mantiene de pie por más tiempo y al alcanzar el equilibrio comienza su marcha... y no hay quién lo detenga. Así también el consolidador debe mantenerse atento hacia quienes comienzan su vida cristiana. Aunque en un principio puedan dar la impresión de no mantenerse en pie, debemos cuidarnos de no desalentarlos, de no juzgarlos ni condenarlos, sino que con paciencia y amor debemos corregir sus debilidades y pecados. En la medida en que ellos vayan creciendo en Dios, el mismo Señor se irá encargando de ministrarles a sus corazones y les guiará en todos sus caminos.

REFLEXIÓN

Poco antes de que Jesús partiera de este mundo, reunió a Sus discípulos y les habló acerca del Espíritu Santo, quien vendría a tomar Su lugar y a consolidar de una manera eficaz a la iglesia.

La persona del Espíritu Santo es la más capaz para el trabajo de la Consolidación.

1. Según los siguientes textos ¿Cuál es la tarea que nos enseña el Espíritu Santo?

   Juan 14:16

   Juan 20:22

   Juan 15:26

   Juan 16:7

   Juan 16:8

   Juan 16:13

2. ¿Qué significa ser huérfano para usted?

____

____

____

3. ¿Qué tarea del consolidador suple esta necesidad?

____

____

____

4. Según Juan 14:26 haga una comparación de como una persona puede hacer este trabajo por medio del Espíritu Santo.

____

____

____

VERSÍCULO CLAVE PARA MEMORIZAR: JUAN 14:26

Evaluación Personal

a. ¿Es usted una persona que vive en el Espíritu? ¿Qué fruto ha visto como consecuencia de vivir en el Espíritu?

b. ¿Cuán importante es la Visión para usted y de qué manera la está reproduciendo?

DINÁMICA

"Y yo rogaré al Padre, y os dará otro Consolador, para que esté con vosotros para siempre".

Juan 14:16

El Espíritu Santo y la Consolidación

uno

Su presencia estará con nosotros

dos

Consolidó la Iglesia primitiva

tres

El Espíritu Santo es el consolador

cuatro

El Espíritu Santo nos enseñará todas las cosas

cinco

Nos lleva a entrar en la dimensión de los sobrenatural

seis

Nos lleva a andar en el espíritu

siete

Su presencia nos transforma

ocho

Nos recordará todo lo que Jesús enseño

En la persona del Espíritu Santo, recibimos la paternidad de Dios, de una manera similar, Dios no quiere que dejemos desamparados a los nuevos creyentes, sino que desea que nosotros mismos les brindemos un cuidado especial

EL CARÁCTER DEL CONSOLIDADOR

Capítulo 05

"¿Dirá el barro al que lo labra:
¿Qué haces?; o tu obra: ¿No
tiene manos?".
Juan 14:16

DIOS DEBE MOLDEAR NUESTRO CARÁCTER

Es importante permitir al Señor que forme nuestro carácter y a su vez, enseñar a los discípulos esta lección, ya que los problemas de carácter acaban con cualquier liderazgo en potencia, tendiendo a sacarnos del proceso divino.

En las Escrituras encontramos ejemplos de hombres y mujeres a quienes Dios tuvo que moldear para que así pudieran cumplir Su propósito. Dios tuvo que hacerlo con Moisés, quien vino a ser uno de los grandes líderes del Antiguo Testamento, pero para ello pasó años de su vida en el desierto antes de que Dios pudiera confiarle Su obra. Nadie anhela pasar por el fuego de la prueba, pero es necesaria para moldear el carácter que luego nos permitirá mantenernos firmes cuando alcancemos el éxito. Conocemos varios casos en los cuales las personas se resguardaron en Dios ante problemas de escasez, mas cuando alcanzaron el éxito, éste definitivamente los apartó. He podido entender que de acuerdo a la dimensión de la prueba, será el tamaño de nuestro ministerio. Si usted ha padecido pruebas muy difíciles de superar, confíe en Dios que el suyo será un ministerio de gran proyección.

EL CARÁCTER

Moisés como ejemplo de formación, de liderazgo y amistad con Dios, fue tratado por su temperamento fuerte, aunque sabía que tenía una gran responsabilidad con las personas de su nación, en él había algo que Dios tenía que tratar y era su carácter. En una ocasión vio a un egipcio como maltrataba a un judío, y se enojó tanto que decidió tomar justicia por sus propias manos, y de un golpe mató al egipcio enterrándolo luego. Esto hace la mayoría de las personas con temperamento fuerte, se alteran, ofenden con sus palabras y luego tapan con una simple justificación, diciendo "es lo que se merecía" o "había que ponerlo en su lugar". Moisés creyó que había solucionado el problema ocultándolo pero todo salió a la luz y tuvo que huir al desierto dejando atrás todos los lujos del palacio. Allí en el desierto, Dios tomó tiempo para tratar con su carácter hasta hacer de él, el hombre más manso de toda la tierra, (Números 12:3).

UN CONSOLIDADOR ES UNA PERSONA QUE SE DISTINGUE POR SU:

Responsabilidad

Significa que usted cumple con lo que se le ha asignado. Por ejemplo, después de que alguien hace su profesión de fe, quien lo consolida debe velar por él, debe comprometerse en ayudarle a crecer en la fe cristiana, pues es un alma que Dios ha puesto en sus manos. El consolidador debe prestar atención a no caer en el error de mirar al nuevo creyente como una simple tarjeta de datos que debe llenar, sino que debe darle verdadera importancia; ya que es puesto en sus manos para proveerle de todo el cuidado que requiera.

Espíritu de servicio.

No debe servir por solo querer agradar a los hombres (a sus líderes), sino con corazón sincero, temiendo a Dios. Todo lo que haga debe hacerlo de corazón, como para el Señor y no para los hombres (Colosenses 3:22,23).

Mayordomía

"Y dijo el Señor: ¿Quién es el mayordomo fiel y prudente al cual su señor pondrá sobre su casa para que a su tiempo le dé su ración? Bienaventurado aquel siervo al cual cuando su señor venga le halle haciendo así. En verdad os digo que le pondrá sobre todos sus bienes. Mas si aquel siervo dijere en su corazón: Mi señor tarda en venir, y comenzare a golpear a los criados y a las criadas, y a comer y a beber, y a embriagarse, vendrá el señor de aquel siervo en día que este no espera y a la hora que no sabe y le castigará duramente, y le pondrá con los infieles" (Lucas 12:42-46). Debemos aprender a ser buenos mayordomos del tiempo, los talentos y las finanzas.

Diligencia

"Venid y edifiquemos el muro de Jerusalén y no estemos más en oprobio" (Nehemías 2:17b). "Sé diligente en conocer el estado de tus ovejas, y mira con cuidado por tus rebaños" (Proverbios 27:23). Todo líder se organiza de tal manera que logra cumplir sus metas; no permite que el tiempo se le escape de las manos, sino que hace uso de él para edificar vidas.

Profunda compasión

Por aquellos que Dios le ha confiando. "Que tengo gran tristeza y continuo dolor en mi corazón" (Romanos 9:2). El Apóstol Pablo recibió una profunda compasión por los que Dios había traído a su lado, velaba por su crecimiento espiritual y siempre oraba por ellos..

∑ Destreza en la Palabra. "Procura con diligencia presentarte a Dios aprobado, como obrero que no tiene de qué avergonzarse, que usa bien la palabra de verdad" (2 Timoteo 2:15). Todo líder debe tomar el compromiso de estudiar las Escrituras de manera continua y sistemática, a fin de aplicarla oportunamente en cada ocasión de su vida.

Guerra espiritual

"Ninguno puede entrar en la casa de un hombre fuerte y saquear sus bienes, si antes no le ata, y entonces podrá saquear su casa" (Marcos 3:27). Muchos líderes y pastores que he conocido han desarrollado los primeros puntos, pero no han alcanzado el éxito ministerial. Si es esto lo que anhelamos, no podemos dejar de ser guerreros para Dios. Un guerrero es aquel que avanza y conquista lo que Jesús ya ganó por nosotros en la Cruz del Calvario.

EL CONSOLIDADOR DEBE CAMINAR EN LA FE

El Apóstol Pablo corre el velo y presenta una de las grandes revelaciones del poder de la Palabra dentro de nosotros. Nos dice: "Antes bien, como está escrito: Cosas que ojo no vio, ni oído oyó, ni han subido en corazón de hombre son las que Dios ha preparado para los que le aman. Pero Dios nos las reveló a nosotros por el Espíritu; porque el Espíritu todo lo escudriña, aún lo profundo de Dios. Porque, ¿quién de los hombres sabe las cosas del hombre, sino el espíritu del hombre que está en él? Así tampoco nadie conoció las cosas de Dios, sino el Espíritu de Dios. Y nosotros no hemos recibido el espíritu del mundo, sino el Espíritu que proviene de Dios, para que sepamos lo que Dios nos ha concedido" (1 Corintios 2:9-12). Note que Pablo dice que el Espíritu Santo conoce lo más íntimo de Dios, lo secreto de Él, del mismo modo que el espíritu del hombre conoce lo íntimo del hombre. El Señor nos dio el Espíritu Santo y, por medio de Él, nos han sido reveladas cosas que a ningún ser humano, por más intelectual y superdotado que sea, le son manifestadas. Esto es porque sólo se pueden conocer por el testimonio del Espíritu Santo. Nos fueron reveladas, y por eso hablamos misterios y cosas que para los demás permanecen ocultas pero que, para los siervos de Dios, son tan claras como la luz de la mañana.

ACOMODANDO LO ESPIRITUAL A LO ESPIRITUAL

Luego, Pablo añade: "Lo cual también hablamos, no con palabras enseñadas por sabiduría humana, sino con las que enseña el Espíritu, acomodando lo espiritual a lo espiritual" (1 Corintios 2:13). El Espíritu Santo aclara y revela la Palabra de Dios a nuestra vida. Usted debe vivir de acuerdo a la Palabra, pero para que esto suceda tiene que sacar todo lo que impida que ella penetre completamente en su vida. La lucha de muchos creyentes es que no han limpiado sus corazones, entonces se llenan de la Palabra de Dios, pero en lugar de alimentarles, ésta les agria el estómago. Primeramente debemos sacar todo lo malo que hay dentro nuestro, hacer lugar, y luego pedir al Señor que nos llene de Su Palabra de vida y esperanza y ser completamente diferentes. Seremos conquistadores y veremos que todo lo que Dios promete se cumple, porque Él no hace acepción de personas. Personalmente, aprendí a conquistar todo en el lugar secreto. En ese sitio Dios me revela las cosas no sólo para mí, sino para toda la gente que me rodea. Siempre confieso la Palabra y, con ello, el Espíritu Santo ya tiene cabida para ejecutarla. La meditación y confesión de la Palabra de Dios constituyen elementos claves para el desarrollo de la fe creadora, "Así que la fe es por el oír, y el oír, por la palabra de Dios" (Romanos 10:17).

LAS PERSONAS DE FE HACEN HISTORIA

Es importante entender que toda la Biblia fue inspirada en la fe. Gracias a la fe de hombres sencillos pero a la vez santos, tenemos tan precioso libro a nuestro alcance. Los santos hombres de Dios la escribieron creyendo que generaciones postreras recibirían Su mensaje. Ellos lo hicieron con fe. Toda la Biblia, desde el Génesis hasta el Apocalipsis, nos habla de portentos sobrenaturales. Si quitáramos la palabra fe de sus páginas, carecería de valor alguno. Lo que hace diferente a la Biblia de cualquier otro libro es sencillamente la fe. Si ella se hubiese abstenido de mencionar la fe de los hombres de Dios, sus vidas hubieran pasado desapercibidas, hubiesen carecido de la trascendencia que hoy tienen, porque lo que las hizo diferentes a la de los demás fue precisamente la fe.

Si borrásemos la fe de Moisés, no hubieran existido los juicios de las plagas sobre Egipto, el Mar Rojo no se hubiese separado en dos para que quedara camino seco e Israel lo cruzara, no habría llovido maná del cielo, no hubiera brotado agua de una roca. Hubiera sido imposible que un pueblo subsistiera cuarenta años en el desierto si no hubiese sido por la fe.

Sin la fe, Josué no hubiera logrado detener el sol cuando le habló, viendo el día más largo de la historia, lo cual le ayudó a exterminar a los enemigos de Israel. Ello fue viable gracias a la fe.

Si no hubiese sido por la fe, ¿cómo habría podido María concebir en su vientre al Salvador del mundo siendo virgen? Si no hubiese sido por la fe, Saulo nunca se hubiese atrevido a predicar el evangelio y el mensaje habría quedado oculto para millones de personas.

Todo en la Biblia está fundamentado en la fe. Y si la fe es la base de las Escrituras, cada uno debe preocuparse por conocer su esencia y debe esforzarse para que la fe se desarrolle dentro de nosotros, pues esto nos llevará a ser excelentes consolidadores.

Reflexión

Es importante permitirle al Señor que forme nuestro carácter y a su vez, enseñar a los discípulos esta lección, ya que los problemas de carácter acaban con cualquier liderazgo en potencia, tendiendo a sacarnos del proceso divino.

1. Según Isaías 45:9, ¿Cree usted en la formación del carácter? Explique.

____

____

____

2. ¿Con cuál de los siguientes personajes se identifica más usted?

___Moisés ___ David ___Sansón ___José

___ Abraham ___Saúl ___ Elías

Explique por qué.

____

____

____

3. Escriba una lista de características que son indispensables en el carácter de un consolidador, utilizando los textos bíblicos:

- Colosenses 3:23
- Lucas 12:42-46
- Romanos 9:2
- 1 Timoteo 2:15
- Marcos 3:27
- Gálatas 5:22-23

4. En las Escrituras encontramos ejemplos de hombres y mujeres a quienes Dios tuvo que moldear para que así pudieran cumplir Su propósito.

a. ¿Qué usó Dios para formar el carácter de Moisés y qué resultados experimentó?

____

____

____

b. ¿Qué circunstancias ha usado Dios para formar su carácter y que cambios ha experimentado?

____

____

____

VERSÍCULO CLAVE PARA MEMORIZAR: PROVERBIOS 27:23

Evaluación Personal

a. ¿Es usted una persona que camina en fe?

b. ¿Qué beneficios ha vivenciado al andar en la dimensión de la fe, o por el contrario, qué cambios debe llevar a cabo para entrar en una nueva dimensión de la fe?

Dinámica

"¿Dirá el barro al que lo labra: ¿Qué haces?; o tu obra: ¿No tiene manos?".
Isaías 45:9b.

El Carácter Del Consolidador

- Es responsable
- Tiene un espíritu de servicio
- Es buen mayordomo del tiempo y las finanzas
- Es diligente
- Es compasivo
- Es diestro en la palabra
- Es un guerrero espiritual
- Camina en la fe
- Acomoda los espiritual a lo natural

CONSOLIDANDO A TRAVÉS DE LA CÉLULA

Capítulo 06

"Entonces Cornelio dijo: Hace cuatro días que a esta hora yo estaba en ayunas; y a la hora novena, mientras oraba en mi casa, vi que se puso delante de mí un varón con vestido resplandeciente, y dijo: Cornelio, tu oración ha sido oída, y tus limosnas han sido recordadas delante de Dios. Envía, pues, a Jope, y haz venir a Simón el que tiene por sobrenombre Pedro, el cual mora en casa de Simón, un curtidor, junto al mar; y cuando llegue, él te hablará. Así que luego envié por ti; y tú has hecho bien en venir. Ahora, pues, todos nosotros estamos aquí en la presencia de Dios, para oír todo lo que Dios te ha mandado".

Hechos 10:30-33

Sabemos que la primera célula que se abrió fue en casa de Cornelio, a la cual asistió Pedro como líder. Algo importante por destacar es cómo Cornelio preparó el ambiente. Como anfitrión, no le dejó la responsabilidad al líder sino que él mismo creó la atmósfera propicia para que todos se sintieran cómodos y para que el poder del Espíritu Santo se manifestara en medio de ellos. La Biblia dice que Cornelio ayunó, oró, ofrendó y recibió la respuesta de Dios a través de un ángel que le dijo que debía abrir una célula e invitar a Pedro para que predicara en ella. Cuando Pedro llegó, el anfitrión había reunido amigos, familiares y conocidos para que éste les hablara de Cristo.

Recuerdo que, iniciando el trabajo celular, fui a una casa en la cual los anfitriones habían invitado amigos y conocidos. Luego de hablarles de Jesús e interceder por ellos, una persona me pidió que fuera a su casa para orar por un coronel retirado del ejército, que estaba inválido. Cuando llegué allí, este hombre había invitado a unas diez personas más. Todos estaban pendientes del coronel, quien era una persona que requería mucha atención dado que llevaba cuatro años sin poder caminar. Cuando le pregunté si creía que Jesús lo podía sanar, él me respondió que no sabía en qué creer. A mí en ese momento no me importó que él no tuviera fe, yo sí creía, así que me puse a orar. Cuando terminé la oración, le dije que hiciera lo que antes no podía hacer. Con mucho esfuerzo comenzó a levantarse y quedó en pie. Luego se afirmó y empezó a dar pasos muy cortos, y así siguió avanzando. En ese momento, una señora, que estaba muy emocionada, al ponerse en pie, se le cayó el bolígrafo con el cual estaba escribiendo. La sorpresa fue que el mismo general se inclinó, lo tomó del piso y se lo entregó. Aquella mujer empezó a llorar, y los que estaban a su alrededor, al verla, también sollozaban. Yo no entendía qué estaba sucediendo hasta que me explicaron que el milagro fue doble. No sólo el coronel no podía caminar sino que aquella señora, ya anciana, no podía llorar desde que la habían operado de la glándula lagrimal. Dios había sanado al coronel y a esa señora en la reunión. Esto nos ilustra lo fácil que es hacer una célula. Usted sólo tiene que orar por los concurrentes en el Nombre de Jesús, y Él confirmará Su poder sanándolos.

ENSEÑANZA PARA GANAR ALMAS EN LA CÉLULA

Si se gana una persona por semana, se estarán alcanzando cuatro personas nuevas al mes, y doce en tres meses. Entonces, se podrá dar la multiplicación de esa célula. Si se hace fielmente el proceso, una célula podría multiplicarse cada tres meses. El secreto para el éxito de la célula está en ganar. Dentro de la célula se cumple una labor evangelística, ya que las personas nuevas que son invitadas cada semana pueden ser ganadas para Cristo. Pero el éxito radica en la preparación del líder a nivel espiritual, intelectual, emocional, físico y social, como instrumento para alcanzar plenamente el éxito. "Entonces respondió Pedro: ¿Puede acaso alguno impedir el agua, para que no sean bautizados estos que han recibido el Espíritu Santo también como nosotros?" (Hechos: 10:47) La verificación de la entrega en la iglesia primitiva sucedía en el momento en que se bautizaba a los nuevos para mostrar su genuina entrega a Cristo.

LA CÉLULA, UN PEQUEÑO CENTRO DE ENSEÑANZA

La enseñanza en la célula debe ser sencilla y práctica, donde los que asisten son edificados y los que están por primera vez se sientan atraídos a Jesucristo y decidan darle su corazón. La célula permite el pastoreo persona por persona. También es la "mina" de donde se extractan los líderes de doce. Cuando la célula crece, el mismo líder puede multiplicar la célula y escoger otro día para la otra célula, y puede iniciarla con su asistente.

Cuando uno está ministrando en una célula, anhela tener la mejor célula del mundo. Para ello, se debe crear una atmósfera, un ambiente agradable, en el cual todo esté ordenado. El líder tiene que trabajar en equipo con el anfitrión porque juntos programarán el éxito de la célula. Esto quiere decir que el anfitrión invitará a familiares, amigos y conocidos, pero la responsabilidad no está solo en el anfitrión, también es el desafío del líder.

PRINCIPIOS QUE NOS LLEVAN A TENER CÉLULAS DE ÉXITO

Sea auténtico

1 Cuando usted dirija una célula, sea genuino, no trate de usar ademanes raros o impostar el tono de voz. Hay personas que adoptan una postura distinta a la naturalmente suya para dirigir una célula y se manifiestan con actitudes místicas y raras. Por ejemplo, no permiten que ningún niño se mueva porque dicen que están en la casa de Dios. Usted debe actuar de modo normal, en forma sencilla. Sea usted mismo; permita que se reflejen en usted la fe, el amor de Jesús y la pasión por los perdidos. No haga cosas extrañas; la reunión debe ser agradable, llena de alegría, amena. La célula no es como la reunión de la iglesia, por lo tanto, démosle ese toque familiar y amistoso. Cuando nos reunimos con la familia, no cambiamos nuestra manera de ser, no procuramos ser lo que no somos. En la célula debe darse del mismo modo. Dios nos ha llamado a atraer a los nuevos, no a ahuyentarlos. No aparente ante los demás lo que usted no es; esto tiene que ver con la integridad. Si somos auténticos, nuestros discípulos también lo serán.

Cree la atmósfera para ganar

2 Cornelio había preparado una reunión agradable. Pero además, fue inteligente, porque invitó a sus amigos a una "reunión especial". Posiblemente les haya dicho que no podían estar ausentes porque aquella reunión era exclusivamente para las personas de su alta confianza, y que anhelaba que fueran a escuchar de Dios. Cornelio creó la atmósfera, le otorgó la importancia debida, le dio honor a la célula. Por esta razón, cuando Pedro llegó, Cornelio le dijo: "Hoy estamos en presencia de Dios para oír el consejo de Dios a través tuyo". Note que la célula no es para que el líder hable lo que él

piensa, sino para que los asistentes reciban el consejo de Dios a través de él. Por ello, debemos hablar las palabras de Dios.

Centralice el mensaje en Jesucristo

3 Nosotros podemos romper el hielo hablando de diferentes temas actuales para crear la atmósfera, pero luego debemos centrarnos en la Palabra de Dios. Que el mensaje no se escuche como algo prefabricado, sino como algo sencillo pero potente de parte de Dios. En casa de Cornelio, Pedro comenzó a hablar enfocando su mensaje en el Salvador de nuestras almas; centró su mensaje en la grandeza de Jesucristo y en Su obra redentora. Habló de cómo Dios había ungido a su Hijo con el Espíritu Santo y con poder, y de cómo anduvo haciendo bienes y sanando a todos los oprimidos por el diablo porque Dios estaba con Él. Con este mensaje Pedro les sintetizó el poder de un encuentro personal con Jesús. Esto es lo que hacemos en la célula: Motivar a las personas a que tengan un encuentro real con Cristo. De este modo, podemos consolidar sus vidas en la fe cristiana.

Sea puntual

4 Esto es no solo comenzar la reunión a la hora acordada sino concluirla en el tiempo pactado. No hable de lo que no tiene que hablar, no se exponga más de la cuenta. Hay personas que se emocionan en la célula, y exceden el horario previsto. Inclusive las personas nuevas a veces comienzan a preguntar, y a preguntar, y usted les responde todo. Está bien que uno intente disipar las dudas del nuevo, pero no debe ser en el tiempo de la célula. No se puede explicar toda la Biblia en un sólo segundo, ni se puede responder a todas las inquietudes de las personas en un solo momento. Haga la célula de una hora y media como máximo y, si surgen dudas, proyecte citas personales para resolver las inquietudes o amablemente postérguelas para la próxima reunión.

Cuide su tono de voz

5 Haga la célula amena, agradable, que las personas queden con deseos de volver, que anhelen la llegada de la próxima reunión. Su tono de voz es muy importante en la charla. No sea arrullador, llevando a las personas a otra dimensión, ni sea demasiado potente, como si tuviera una trompeta dentro. Su voz debe lograr un tono firme pero agradable, que cautive a las personas al ser el transmisor de la Palabra de Dios.

Atienda su aspecto

6 La presentación personal debe ser actual. Vístase de acuerdo a la reunión. Si son jóvenes, no vaya con corbata, gabardina y guantes; vístase como joven. Si es necesario cambiar el peinado, hágalo. También cuide su aseo personal. El aspecto físico juega un papel importante. La impresión que la otra persona se lleve en los primeros dos segundos le abre o le cierra puertas para escucharlo. Debe causar siempre una buena impresión, agradable. No sea hosco. Algunos cristianos tienen la cara como si hubiesen desayunado con vinagre o limón; nada les gusta y todo les incomoda. Jesús no era así, Él era la persona más alegre de este mundo. Imite al Señor; sea agradable y procure para su célula un ambiente interesante, dinámico y entusiasta.

CINCO COMPONENTES DE UNA CÉLULA EFICAZ

El corazón de Dios palpita por cada persona que no le conoce, por cada ser que aún no le ha entregado su vida. Cuán importante es que reconozcamos el llamado a participar en la obra del Señor y descubramos que Dios no sólo ha sembrado talentos en nosotros sino que ha labrado y pulido nuestro carácter y corazón, dotándonos de integridad.

Cinco son los puntos primordiales con los cuales debemos trabajar si realmente anhelamos ganar jóvenes, niños, mujeres y hombres para el Reino de los Cielos.

PRIMERO LA PALABRA RHEMA

Cuando damos nuestros primeros pasos en el ministerio, algo que debemos buscar constantemente es una palabra rhema. Por lo general, se desatan luchas internas que nos llevan a plantearnos si realmente seremos las personas que Dios quiere usar para ganar almas. Por eso, necesitamos algo que nos motive, algo que nos dé fuerzas y confianza. Nada mejor que una palabra de parte de Dios. La palabra rhema es eso, una palabra específica para un momento específico. El logos equivale solamente a la parte conceptual de las Escrituras, es el mensaje escrito. La palabra rhema equivale a la parte práctica de la Palabra, es decir, es el paso del concepto a la acción. Mientras quedemos en el marco conceptual de la Palabra, no daremos fruto. Es necesario pasar del logos a la dimensión activa del rhema, entrar a la experiencia viva de la Palabra de Dios. El rhema es diseñar el milagro y confesarlo en fe. La palabra rhema nos guiará a darnos cuenta de las necesidades concretas de las personas y hallar la manera de suplirlas; del mismo modo, nos mostrará las tácticas para arrancarlos del mundo de las tinieblas y llevarlos a la luz admirable de Cristo.

SEGUNDO LA CREATIVIDAD

Consiste en hacer las cosas de una forma nueva, de una manera distinta; implica romper con esquemas, con paradigmas que nos han encasillado durante tanto tiempo, colocándonos en una prisión intelectual que no admite ninguna clase de cambio. Innovar no nos desenfoca de la voluntad divina. Si observamos la creación, encontraremos que no existe nada repetido; Dios lo hizo todo con ingenio y hermosura. Si la tecnología avanza gracias a la innovación, cuánto más nosotros, que tenemos la responsabilidad de conquistar las naciones enteras para Cristo. Es necesario renovar la mente y estar abiertos a lo que Dios quiere hacer y hacia dónde quiere moverse. Algo que nos insta a ser creativos e innovar es cuando sentimos el apoyo de nuestros pastores; si ellos no funcionan como soporte, es muy difícil implementar nuevas estrategias para ganar almas. Cuando uno cuenta con creatividad, permite que Dios fluya, permite a la gente hacer las cosas de una manera distinta, y quizás mejor. Cuando uno posee creatividad, dice a las personas: "Hagámoslo", siempre está presente para apoyarlas. Si usted quiere ganar, debe renovarse, debe romper con moldes viejos para que el Espíritu Santo de Dios pueda fluir con lo nuevo.

TERCERO LOS TALENTOS

Todos hemos sido dotados de talentos. Dios ha puesto dentro de cada uno algo en lo que somos realmente buenos, en lo cual nos destacamos. La parábola de los talentos dice que Dios dio a cada uno conforme a su capacidad. En el libro de 1 Samuel capítulo 17:42-49, se habla de la victoria de David y la derrota de Goliat. Todo lo que tenía David para combatir al gigante que amenazaba a su pueblo eran cinco piedras y una honda. La habilidad de este jovencito fue adquirida en su trabajo diario, defendiendo a sus ovejas de todo animal que quería atacarlas, logrando así matar osos y leones. Ese talento colocado en las manos de Dios podía vencer cualquier otro obstáculo que se le presentare. Dios quiere que nosotros hagamos lo mismo, que derribemos los gigantes que amedrentan a nuestra sociedad. En Hechos 2, la Biblia nos muestra cómo los discípulos ganaban gente. Dice que iban cada día al templo, es decir, la gente que los apóstoles conquistaban para Dios era involucrada en la obra. Por lo tanto, debemos ayudar a los nuevos creyentes a desarrollar sus talentos y permitirles escalar peldaños dentro de la obra de Dios. Lo que el Señor desea es que descubramos esos talentos, que los desarrollemos junto con las personas que trabajan con nosotros, que participemos e incluyamos a otros en las actividades de la iglesia. De esta manera, los que se añadan amarán la visión y la desarrollarán para la gloria de Dios.

CUARTO EL EJEMPLO

Para ser ejemplo, nuestra vida debe mostrar integridad y transparencia. Quien sea tomado como modelo reflejará una forma de ser que hará que nadie pueda levantar el dedo con acusaciones. Las personas que están a nuestro lado llegan a conocer nuestro comportamiento respecto de cada aspecto de la vida. Cuando usted se levanta con el poder, la unción y la sensibilidad de Dios, se convierte en ese modelo que van a querer imitar.

Dice la Palabra de Dios que "Porque los ojos de Jehová contemplan toda la tierra, para mostrar su poder a favor de los que tienen corazón perfecto para con él" (2 Crónicas 16:9a). Otra versión de las Escrituras lo dice así: "Él busca hombres con corazón perfecto para poner Su poder a favor de ellos". Todo lo que Dios necesita es eso, personas moldeables.

Somos valientes cuando decimos: "Señor, dame las multitudes", porque ante tal petición Él pondrá manos a la obra para tratar mucho más profundamente con nuestro carácter, de tal manera que pueda confiarnos las multitudes que estamos pidiendo. Primeramente, Dios pone a prueba todas las áreas de nuestra vida para que no podamos dañar de ninguna forma a esas multitudes que nos confiará. Luego, esas personas verán en nosotros un modelo para sus propias vidas, ya que el carácter de Cristo será el nuestro. Aunque de algo estamos seguros, el Señor no acabará Su obra en nosotros en esta tierra sino cuando Él vuelva a buscarnos. Pero, lo importante es ser sensibles para permitir a Dios hacer lo que quiera a través de nuestra vida.

QUINTO EL APRENDIZAJE

Para aprender, muchas veces necesitamos que nos corrijan. El padre que ama a su hijo le corrige porque desea lo mejor para él, porque anhela que progrese y tenga éxito. Habitualmente queremos hacer las cosas a nuestra manera, pero debemos entender que el Señor estableció pastores y líderes que no sólo están para ocupar un puesto sino para guiarnos. Por gracia de lo alto, ellos nos aman, nos entienden, se identifican con nosotros y desean llegar a nuestra necesidad; es Dios mismo obrando a través de ellos. Entonces, debemos confiar en la sabiduría que el Señor les proporciona y permitir que nos corrijan cuando sea necesario. Dios lo ha llamado a tener una célula de éxito. Permita que Dios use su vida para consolidar a miles en Su Reino.

REFLEXIÓN

Sabemos que la primera célula que se abrió fue en casa de Cornelio, a la cual asistió Pedro como líder. Algo importante por destacar es cómo Cornelio preparó el ambiente.

1. Escriba la estrategia que usó Cornelio para ganar almas.

____

____

____

2. Lea Hechos 10:34. Enumere qué cosas llevó a cabo Pedro, las cuales demostraron su compromiso y responsabilidad como líder.

____

____

____

3. Escriba las características de la predicación de Pedro según lo leído en este capítulo.

____

____

____

4. Al leer Hechos 10:44-45 ¿Cómo ve usted la intervención del Espíritu Santo en la célula? ¿Qué enseñanza debe extractar para su vida?

____

____

____

VERSÍCULO CLAVE PARA MEMORIZAR: HECHOS 10:33

Evaluación Personal

a. ¿Qué áreas debe mejorar para alcanzar una célula de éxito?

b. Señale en que áreas

___ Predicación
___ Preparación
___ Evangelismo
___ Consolidación

DINÁMICA

"Entonces Cornelio dijo: Hace cuatro días que a esta hora yo estaba en ayunas; y a la hora novena, mientras oraba en mi casa, vi que se puso delante de mí un varón con vestido resplandeciente, y dijo: Cornelio, tu oración ha sido oída, y tus limosnas han sido recordadas delante de Dios. Envía, pues, a Jope, y haz venir a Simón el que tiene por sobrenombre Pedro, el cual mora en casa de Simón, un curtidor, junto al mar; y cuando llegue, él te hablará. Así que luego envié por ti; y tú has hecho bien en venir. Ahora, pues, todos nosotros estamos aquí en la presencia de Dios, para oír todo lo que Dios te ha mandado".

Hechos 10:30-33

Principios Para Una Célula De Éxito

1. Sea autentico

2. Cree una atmosfera para ganar

3. Centalice el mensaje en Jesucristo

4. Sea puntual

5. Cuide su tono de voz

6. Atienda su aspecto personal

Componentes De Una Célula Eficaz

1. La palabra rhema

2. La creatividad

3. Los talentos

4. El ejemplo

5. El aprendizaje

PABLO, EL CONSOLIDADOR

Capítulo 07

"Pablo, apóstol de Jesucristo por la voluntad de Dios, según la promesa de la vida que es en Cristo Jesús, a Timoteo, amado hijo: Gracia, misericordia y paz, de Dios Padre y de Jesucristo nuestro Señor".

1 Timoteo 1:1-2

Pablo entendía la importancia de la paternidad espiritual. No solo era consciente de la manera en que debía cuidar a cada ovejita que el Señor acercara a su ministerio, sino que se esforzaba por cumplir fielmente su labor paternal, estableciendo puentes de comunicación con sus hijos espirituales.

En este capítulo, Pablo revela algunas de las características principales de un buen consolidador (2 Timoteo 1:1-11):

PABLO ORA POR TIMOTEO (VS. 3)

El consolidador debe entender que no es suficiente haber llevado a alguien a los pies de Jesús, sino que, para que éste pueda perseverar en su fe, tiene que pasar la prueba de las presiones que se generan en el mundo espiritual. Así como la madre tiene que estar muy pendiente de su bebé recién nacido, brindándole abrigo, afecto, amor, alimento y protección, también el consolidador debe hacer lo mismo con el recién convertido. Antes de nacer, el mundo del bebé era el vientre de la madre y solo había estado en contacto con líquido. Una vez que emerge del cuerpo de la madre, todo empieza a ser nuevo para él. Y conforme es en lo espiritual también lo es en lo natural; la persona que experimenta el nuevo nacimiento se enfrenta a un mundo completamente diferente del que conocía. Las presiones que empieza a sentir se manifiestan en el campo espiritual, y es en ese momento donde se necesita la contención de un padre. El padre espiritual tiene que orar de manera constante a fin de que el bebé espiritual pueda seguir y llegar al final del proceso, hasta que Cristo more plenamente en su corazón.

PABLO LE RECUERDA A TIMOTEO LA FE SINCERA QUE HA TENIDO (VS. 5)

Hay muchas cosas que nos marcan en el inicio de nuestra vida cristiana, pero una de las más trascendentales tiene que ver con la fe. Timoteo poseía la bendición de ser parte de la tercera generación. Su fe era el resultado de la fe de su madre, quien a su vez la había heredado de su propia madre. El efecto explosivo del ministerio de Timoteo era consecuencia de la presencia de Dios en su familia por tres generaciones.

Cuando se habla del Dios de Abraham, de Isaac y de Jacob, se entiende que recién en la tercera generación se pudieron establecer las doce tribus del pueblo de Israel. Ahora Pablo puede discernir la misma manifestación en el ministerio de Timoteo, y él no se queda con todos los créditos sino que reconoce que la fe también se reproduce de generación a generación. Si usted observa los grandes ministerios que causaron impacto en el ámbito cristiano a través de la historia, podrá notar que provinieron de la heredad del ministerio de otros siervos de Dios, quienes a su vez los recibieron de otros hombres de Dios. La abuela de Timoteo representa al líder de doce; la madre de

Timoteo representa al grupo de doce y Timoteo representa la tercera generación o el líder de ciento cuarenta y cuatro.

PABLO MOTIVA A TIMOTEO A MANTENER VIVO EL DON DE DIOS QUE ESTÁ EN ÉL (VS. 6)

El apóstol le hace ver a su discípulo la gran responsabilidad que ya pesa sobre sus hombros, le advierte que la única forma de hacer la obra de Dios es fluyendo bajo la unción del Espíritu Santo. Desde el momento en que Pablo le impuso las manos a Timoteo, la unción de Dios posó sobre su vida. Mas también depende del mismo creyente si deja que los dones se adormezcan o los aviva. Debemos entender que los dones se avivan en la medida que nos lanzamos a ejercitarlos en la fe. Algo que he podido ver, tanto en mis discípulos como en mis hijas, es que en la medida que ellos se desenvuelven haciendo la Visión, los dones del Espíritu Santo van siendo desarrollados y acrecentados en sus ministerios. Aunque el don también requiere del contacto con la Palabra de Dios y con la oración para mantenerse activo en la vida del líder. Pablo quiere hacerle ver a Timoteo que el éxito del ministerio debe ser el resultado del tamaño de nuestra fe. En otras palabras, si queremos ganar las multitudes, debemos tener la medida de fe necesaria para lograrlo, pues no podremos ir más allá de lo que nosotros no creamos.

PABLO LE RECUERDA A TIMOTEO QUE CON EL DOMINIO PROPIO SE VENCE EL TEMOR (VS. 7)

El apóstol hablaba desde la experiencia, pues él mismo había tenido que enfrentarse a muchas presiones por causa de la predicación del evangelio. En varias ocasiones el desánimo quiso instalarse en su mente y el desaliento procuró interrumpir su obra evangelizadora. Por un lado, sentía la voz del Señor diciéndole: "Esfuérzate por llenarlo todo del evangelio", y por el otro, la voz del enemigo contrarrestaba: "No te expongas a que otros te maltraten". Mas cuando Pablo pudo discernir que el adversario estaba detrás de ese pensamiento, decidió fortalecerse aún más en Dios y echar mano al dominio propio, a fin de doblegar todo sentimiento que lo debilitara o acobardara en la fe. Con gran entusiasmo se esforzó más que los otros apóstoles en llevar el mensaje hasta lo último de la tierra. En el consejo que Pablo le dio a Timoteo, le presentó tres aspectos para ayudarle a obtener la victoria: El poder, el amor y el dominio propio.

1. ***El poder*** viene como resultado de nuestra rendición plena a Dios. Jesús dijo: "Pero recibiréis poder, cuando haya venido sobre vosotros el Espíritu Santo, y me seréis testigos en Jerusalén, en toda Judea, en Samaria, y hasta lo último de la tierra" (Hechos 1:8).

2. ***El amor*** es el resultado de nuestra compasión por los perdidos. Pablo dijo: "Y si tuviese profecía, y entendiese todos los misterios y toda ciencia, y si tuviese toda la fe, de tal manera que trasladase los montes, y no tengo amor, nada soy" (1 Corintios 13:2). El amor es lo que nos debe motivar a ganar a los perdidos, a doblegar los vientos contrarios, a neutralizar los poderes demoníacos.

3. ***El dominio propio*** es el control que el líder debe tener sobre sus emociones, sobre sus propios deseos. Eso lo ayudará a mantener sus oídos abiertos para escuchar el anhelo del corazón de Dios.

PABLO LE ANIMA A TIMOTEO A TESTIFICAR SIN AVERGONZARSE (VS. 8)

Timoteo debía comunicar fielmente lo que Jesús había hecho en su vida. Al mismo tiempo debía tomar como ejemplo lo que Pablo, como su líder, había experimentado por causa de su fe en Jesús. El Apóstol Pablo había pasado por muchas adversidades, mas éstas fueron abriendo la brecha para que las generaciones venideras no tuvieran que librar las mismas batallas. Pablo previene a su discípulo para que en el momento en que se encuentre frente a la adversidad, no sienta vergüenza de testificar. En aquel entonces había muchas opiniones encontradas, tanto en contra de Jesús como de Pablo, pues los judíos se habían propuesto cerrarle todos los espacios para que no tuviera éxito en su misión evangelística. Por ello, algunos habían dejado de seguirle, dando crédito a los comentarios negativos que otros habían hecho acerca de él. Es por esa razón que el Apóstol enfatiza a Timoteo que esté prevenido y no caiga en esa trampa del enemigo, sino que se esfuerce y dé testimonio tanto de Jesús como de él mismo.

PABLO LE AFIRMA A TIMOTEO QUE FUE LLAMADO POR DIOS PARA EL MINISTERIO (VS. 9)

Él comprendía muy bien que ser llamado al ministerio era algo que Dios había predeterminado desde antes de la fundación del mundo; el Señor ya sabía a quiénes tenía que llamar para hacer fielmente la obra del ministerio. Cuando Jeremías intentó argumentar con Dios de que aún era muy niño para ejercer el ministerio, el Señor le tuvo que decir: "No digas: Soy un niño; porque a todo lo que te envíe irás tú, y dirás todo lo que te mande" (Jeremías 1:7). Al profeta Isaías, el Señor le preguntó: "¿A quién enviaré, y quién irá por nosotros?" (Isaías 6:8). Dios precisaba de alguien que, con el mismo entusiasmo de Dios, lo representara sinceramente en este mundo. Sin pensarlo dos veces, el profeta le respondió: "Heme aquí, envíame a mí" (Isaías 6:8). También Jesús llamó a sus discípulos y los envió a dar continuidad a la obra que Él había comenzado. Pablo motivó a Timoteo a aceptar el gran privilegio de servir a Dios en su obra.

PABLO COMPARTÍA CON TIMOTEO QUE LA GRACIA MANIFESTADA A TRAVÉS DE JESÚS QUITA LA MUERTE Y TRAE LA VIDA (VS. 9B & 10)

La gracia de Dios fue revelada a través de la Cruz del Calvario, donde la maldición fue erradicada para traer la bendición. El mensaje de redención implica dar a conocer la gracia. Al hacerlo, se manifestará el poder liberador de Dios, trayendo luz y esperanza a cada una de las personas que aceptan este nuevo desafío.

PABLO INCULCÓ A TIMOTEO LA SABIDURÍA DE RETENER CADA ENSEÑANZA DADA POR SU LÍDER (VS. 13)

La mejor manera de retener lo que un líder le enseña a su discípulo es meditando cada una de sus palabras. Esto implica disponibilidad de tiempo para hacerlo, tener un corazón abierto, deshacerse de todo prejuicio contra el líder, tener un gran deseo de efectuar las metas asignadas y de cumplir con la responsabilidad que se le ha confiado.

PABLO ANIMÓ A TIMOTEO A CUIDAR Y GUARDAR LA RIQUEZA ESPIRITUAL RECIBIDA DEL ESPÍRITU SANTO (VS. 14)

Cada una de las enseñanzas dadas por los fieles, en el poder del Espíritu, son joyas preciadas que se deben atesorar como el erario más valioso dentro de nuestros corazones, sin permitir que nadie nos mueva de nuestro modo de pensar. Debemos, así como lo hizo el Apóstol con Timoteo, instruir, alentar, enseñar e impartir bendición a aquellos que estamos consolidando para el Señor.

Reflexión

Y conforme es en lo espiritual también lo es en lo natural; la persona que experimenta el nuevo nacimiento se enfrenta a un mundo completamente diferente del que conocía, por eso es tan importante el apoyo que el consolidador da al nuevo creyente.

1. Describa los pasos que un padre espiritual debe llevar a cabo para que el nuevo creyente pueda permanecer en el proceso de crecimiento en Dios.

____

____

____

2. Pablo reconoce cómo la bendición de Dios desciende de generación en generación. Complete y escriba las tres generaciones de Timoteo y lo que cada una de ellas representa.

__________________ de Timoteo representa __________________

__________________ Timoteo representa __________________

__________________ Timoteo representa __________________

4. Escriba un listado de temores que usted ve en la vida de sus discípulos:

____

____

____

____

____

____

En este espacio escriba una oración rompiendo con cada uno de ellos, y pídale a Dios una rhema para declarar sobre sus vidas.

VERSÍCULO CLAVE PARA MEMORIZAR: I CORINTIOS 13:2

Evaluación Personal

Evaluación personal

¿Asimila usted, y pone en práctica aquello que su líder enseña respecto a la Consolidación? Si ___ No ___

Detalle qué enseñanzas ha puesto por obra:

____

____

Qué enseñanzas comenzará a hacer parte de su estilo de vida:

____

____

Dinámica

"Pablo, apóstol de Jesucristo por la voluntad de Dios, según la promesa de la vida que es en Cristo Jesús, a Timoteo, amado hijo: Gracia, misericordia y paz, de Dios Padre y de Jesucristo nuestro Señor".

1 Timoteo 2:1-2

PABLO EL CONSOLIDADOR (2 TIMOTEO 1:1-11)

Ora por Timoteo (vs. 3)

Le recuerda a Timoteo su
fe sincera (vs. 5)

Motiva a Timoteo a mantener
el don de Dios (vs. 6)

Le recuerda que el dominio
propio vence el temor (vs. 8)

Anima a Timoteo a testificar
sin avergonzarse (vs. 8)

Afirma a Timoteo que fue
llamado por Dios (vs. 9)

Le compartió la gracia
de Jesús (vs. 9b-10)

Le inculco que retuviera
cada enseñanza (vs. 13)

Le animo a cuidar y guardar lo
recibido por el Espiritu Santo

VENCIENDO LOS OBSTÁCULOS EN LA CONSOLIDACIÓN

Capítulo 08

"Tú, pues, hijo mío, esfuérzate en la gracia que es en Cristo Jesús".
2 Timoteo 2:1

Hacer la obra del ministerio, además de ser un gran privilegio es una gran responsabilidad. Una de las características que los líderes siempre deben tener, es la de mantener una buena relación con sus discípulos. Pablo, de una manera muy familiar, le da algunas orientaciones a Timoteo, para que el trabajo de consolidación que haga sea eficaz y perdurable. Él le habla con la voz de la experiencia pues, aquellas almas que Pablo ganaba, rápidamente las consolidaba hasta que ellos adquirían la capacidad de asumir la responsabilidad ministerial en el lugar donde ellos se encontraran. Aunque en algunas ocasiones este trabajo le tomara un largo tiempo, el Apóstol lo hacía con gusto.

ESFUÉRZATE EN LA GRACIA

Aunque toda actividad implica un esfuerzo, no obstante, en el consolidador esto debe ser parte de su modo de vida. El Dr. Cho comentó: "Yo no necesito saber que tengo mis dos brazos para usarlos, sino que cuando los necesito los uso". De manera similar, nosotros no necesitamos saber que tenemos la energía, ella está dentro de nosotros. Mas debemos entender que hay momentos en que la precisamos; uno de esos tiempos es cuando tenemos que liderar la consolidación. Una mujer no vive preocupada, pensando: "Dios, que yo tenga la suficiente energía para cuando sea madre". Las mujeres saben que ese arrojo está dentro de ellas, y cuando lo necesiten, lo usarán. John Wesley fue un evangelista que dejó un tremendo testimonio en la historia por su fidelidad en hacer lo que Dios le confió. Predicaba quince veces por semana; viajó a caballo tanto tiempo que algunos calcularon que su equivalente fue similar a darle la vuelta al mundo en un promedio de diez veces, montado sobre una cabalgadura. La mayor parte de los libros que él escribió, los hizo mientras montaba. Fue el autor del mayor número de publicaciones de habla inglesa. Sabía lo que quería y por ese motivo se esforzó más que ningún otro. Tomas A. Edison dijo: "El genio, es el uno por ciento de inspiración, y un noventa y nueve por ciento de transpiración". El Señor tuvo que decirle a Josué: esfuérzate y sé valiente (Josué 1:9), porque aquel hombre necesitaba del ardor y del valor para poder liderar al pueblo de Israel.

OBSTÁCULOS DEL ESFUERZO

Aunque estaba en los límites de la tierra prometida, Israel no pudo entrar a tomar posesión de ella por causa de algunos obstáculos que no alcanzó a superar. Como consecuencia de esto, divagó cuarenta años en el desierto.

Temor

Cuando el pueblo vio las murallas que protegían las ciudades, los ejércitos bien conformados y el armamento que tenían, se llenaron de temor. Y por causa de esto, permitieron el desaliento, decayeron sus fuerzas y perdieron el espíritu de conquista. El temor es un espíritu que aprovecha ciertas oportunidades para entrar y controlar las vidas. Salomón dijo: "El temor del hombre pondrá lazo; mas el que confía en Jehová será exaltado" (Proverbios 29:25).

Duda

El pueblo dudó de cada promesa que Dios le había dado al permitir el temor en sus corazones. Ellos pensaron que el Señor los había engañado; creyeron que los había llevado hasta ese lugar para entregarlos en manos de sus adversarios. Aunque pasó poco tiempo desde que habían salido de Egipto, donde fueron testigos de las más grandes maravillas hechas por el Señor, todo eso se les olvidó en un solo instante. Se sintieron defraudados por Dios. Y Pablo dijo que el que duda hace a Dios mentiroso.

Inferioridad

Ellos llegaron a ver a los habitantes de aquella región mucho más grandes que ellos, permitieron una sensación de pequeñez, se sintieron como langostas al lado de ellos. La inferioridad pone barreras de separación entre las personas, corriendo el riesgo de sentirnos juzgados por la posición social, por el color de la piel, por el nivel cultural, etc. El pueblo de Israel, por haber aceptado el sentimiento de inferioridad y por haberlo confesado con sus labios, permitió que esto se convirtiera en un decreto del mundo espiritual, permitió que efectivamente sus adversarios los vieran como langostas (Números 13:33).

Murmuración

Los comentarios negativos son como un fuego; si no se apagan pueden poner toda una ciudad en llamas. Aquellos que promovieron la murmuración murieron por causa de una plaga delante de la presencia Dios; todo el pueblo recibió la sentencia de que permanecerían en el desierto por cuarenta años, hasta que todos los que se habían rebelado perecieran.

El único modo de permanecer alejados de estas emociones negativas es manteniendo los ojos puestos en Jesús y nuestros oídos en Su Palabra. El esforzarnos en la gracia implica entender que un día estábamos tan perdidos como cualquiera que ignora las bendiciones de Dios, pero que el Señor usó en cada uno de nosotros un medio diferente para alcanzarnos. Nosotros tan solo extendimos nuestras manos y nos apropiamos de todo aquello que Dios quería darnos. Así fuimos salvos por Su gracia. De igual manera, debemos permitir que la gracia de Dios fluya a través de cada uno de nosotros y que Él nos use para que el carácter de Cristo sea formado en la vida de aquellos a los que estamos discipulando.

HERRAMIENTAS PARA VENCER IMPEDIMENTOS

Fidelidad

"Lo que has oído de mí ante muchos testigos, esto encarga a hombres fieles que sean idóneos para enseñar también a otros" (2 Timoteo 2:2). La fidelidad consiste en transmitir el mensaje del líder con el mismo espíritu, con la misma motivación. Jesús dijo: "El que quiera hacer la voluntad de Dios, conocerá si la doctrina es de Dios, o si yo hablo por mi propia cuenta._ _El que habla por su propia cuenta, su propia gloria busca; pero el que busca la gloria del que le envió, éste es verdadero, y no hay en él injusticia" (Juan 7:17,18). La fidelidad implica renunciar a nosotros mismos. Un ejemplo de ello lo veo en la vida del intérprete pues, aunque tenga muchas capacidades, muchos dones y talentos, en el momento en que traduce, él se neutraliza y se convierte en la voz de aquel a quien está interpretando. Si así no lo hiciere, perdería su lealtad de intérprete. Cuando Jesús estuvo en este mundo, se convirtió en la voz del Padre. Poco antes de que partiera de este mundo dijo que se iría pero que no nos dejaría huérfanos, sino que nos daría otro Consolador. Luego añadió: "Pero cuando venga el Espíritu de verdad, él os guiará a toda la verdad; porque no hablará por su propia cuenta, sino que hablará todo lo que oyere, y os hará saber las cosas que habrán de venir. El me glorificará; porque tomará de lo mío, y os lo hará saber. Todo lo que tiene el Padre es mío; por eso dije que tomará de lo mío, y os lo hará saber" (Juan 16:13-15, Destacado en negrita por el autor). Jesús fue la voz del Padre, y el Espíritu Santo, la voz de Jesús. Por otro lado, Pablo fue la voz de Jesús y Timoteo vino a ser la voz de Pablo. El mensaje debe pasar fielmente de una generación a la otra generación.

Idoneidad

La fidelidad nos hace idóneos, que es cuando sentimos la necesidad de capacitarnos para poder hacer adecuadamente la obra de Dios. Esto implica un esfuerzo de nuestra parte para instruirnos y, de este modo, para poder enseñar de una manera más eficaz a otros. Sabemos que los discípulos deben andar en las mismas pisadas de su líder; ellos deben beber de las enseñanzas de su maestro. Cuando el discípulo deja de ser enseñable y cierra sus oídos a la sabiduría de su líder es porque posiblemente ya puso su atención en otro maestro. Todos los casos de rebeldía se han originado cuando los discípulos se desconectan de las enseñanzas del líder. Pablo le recuerda a Timoteo que debe también buscar personas que tengan su misma fidelidad, que puedan transmitir sus enseñanzas, así como Timoteo transmite fielmente las enseñanzas de Pablo.

Un buen soldado

"Tú, pues, sufre penalidades como buen soldado de Jesucristo" (2 Timoteo 2:3). Cuando Pablo escribe a los Corintios, comparte algunas de sus experiencias diciéndoles:

"Por lo cual, por amor a Cristo me gozo en las debilidades, en afrentas, en necesidades, en persecuciones, en angustias; porque cuando soy débil, entonces soy fuerte" (2 Corintios 12:10). Pablo se sentía como un soldado de Jesús, y el consejo que le dio a Timoteo fue que se sintiera igual. Todo lo que Pablo hacía conllevaba el propósito de agradar a Jesucristo, aunque por predicar acerca de Él lo habían apedreado de tal modo que algunos lo dieron por muerto. Esto le permitió tener la experiencia de estar en el tercer cielo, donde Dios le dio revelaciones extraordinarias que a ningún ser humano le son permitidas (2 Corintios 12:3-4). Pablo trata que Timoteo se prepare para afrontar cualquier situación que se le pueda presentar en el transcurso de su ministerio. No obstante, un soldado debe cumplir algunos requisitos que le ayudarán durante su tiempo de milicia:

Dominio propio

Posiblemente usted ha percibido el modo en que un superior le habla a los soldados, drásticamente, quizás humillándoles o con insultos. Mas el soldado, aunque sea mucho más fuerte que su superior, sabe controlarse, porque si permite alguna reacción, le podría costar muy caro. Debemos entender que dentro del trabajo de consolidación nos vamos a encontrar con situaciones que pueden aparentar ser muy dolorosas e incómodas, pero debemos mantener el control sobre nuestras propias emociones; porque alguna reacción negativa puede costarle la salvación a alguno de los discípulos.

Debemos tener dominio propio para mantener el control sobre nuestros pensamientos y deseos. Salomón dijo: "Mejor es el que tarda en airarse que el fuerte; Y el que se enseñorea de su espíritu, que el que toma una ciudad" (Proverbios 16:32).

Disciplina

Pablo dijo que el ejercicio corporal para poco es provechoso, pero la piedad para todo aprovecha (1 Timoteo 4:8). Así como el cuerpo requiere de cierto cuidado y de la práctica de algunos ejercicios, más importante que eso es cuidar diligentemente a los discípulos, ya que de ese cuidado depende el desarrollo ministerial. Se requiere disciplina para poder aplicar cada uno de los pasos de la Visión en cada uno de los discípulos. Muchas veces podemos sentir la tentación de tomar algunos atajos; pensamos que de este modo estaremos acortando distancias, sin detenernos a pensar que lo único que habremos logrado es prolongar el proceso, porque de todas maneras tendremos que regresar a la senda para poder hacer correctamente la Visión.

Cuidado de sus pensamientos

Día tras día, la batalla de cada líder debe ser librada en su propia mente; pues el adversario tratará de poner toda clase de pensamientos negativos para hacerle retroceder en la carrera, o para desviarlo del camino. Salomón dijo: "Sobre toda cosa guardada, guarda tu corazón" (Proverbios 4:23a) –(del hebreo leb: corazón, mente) y "Porque cual es su pensamiento en su corazón, tal es él" (Proverbios 23.7a). Satanás nos puede invitar a que comamos del fruto del árbol prohibido, mas nosotros debemos cerrarle la puerta para no escuchar ninguna de sus propuestas, porque nuestro alimento está en las promesas que a diario recibimos de la Palabra de Dios. Todo consolidador debe siempre creerle a Dios y confiar en que Él le dará el fruto que está esperando.

Indiferencia a las cosas de este mundo

Sabemos que en este mundo hay muchas distracciones que tratarán de desviarnos del propósito divino. Mas nosotros debemos estar pendientes de la responsabilidad que se nos ha confiado, y lanzarnos tras la conquista de nuestros sueños y metas. Todos los que han logrado el éxito en la consolidación entendieron su importancia y se dedicaron a ella con las fuerzas de su alma. Salomón dijo que por la mucha ocupación viene el sueño. Cuando nos enredamos en muchas otras cosas, seguro nos dormiremos en lo concerniente a la consolidación. Pablo dijo: "Y esto, conociendo el tiempo, que es ya hora de levantarnos del sueño; porque ahora está más cerca de nosotros nuestra salvación que cuando creímos. La noche está avanzada, y se acerca el día. Desechemos, pues, las obras de las tinieblas, y vistámonos las armas de la luz" (Romanos 13:11-12).

REFLEXIÓN

Aunque toda actividad implica un esfuerzo, no obstante, en el consolidador debe ser parte de su modo de vida.

1. ¿Por qué el consolidador debe esforzarse en su trabajo?

____

____

____

2. Relacione las siguientes frases con el obstáculo correspondiente

A. Cuando el pueblo vio las murallas que protegían sus ciudades, los ejércitos bien conformados, el armamento que tenían, se llenó de	INFERIORIDAD
B. El pueblo dudó de cada promesa que Dios le había dado al permitir el temor en sus corazones.	MURMURACIÓN
C. Ellos llegaron a ver a los habitantes de aquella región mucho más grandes que ellos, permitieron una sensación de pequeñez, se sintieron como langostas al lado de ellos	TEMOR
D. Los comentarios negativos son como un fuego; si no se apagan pueden poner toda una ciudad en llamas.	DUDA

3. Según lo que aprendió al leer este capítulo, describa cuándo debe practicar el dominio propio.

4. Detalle las disciplinas que debe desarrollar para el cuidado de sus discípulos.

VERSÍCULO CLAVE PARA MEMORIZAR: 2 TIMOTEO 2:2

Evaluación Personal

La fidelidad consiste en transmitir el mensaje del líder con el mismo espíritu, con la misma motivación

Escriba de qué manera puede perfeccionar la transmisión del mensaje y la motivación a sus discípulos.

DINÁMICA

"Tú, pues, hijo mío, esfuérzate en la gracia que es en Cristo Jesús".

1 Timoteo 2:1

Murmuración Duda

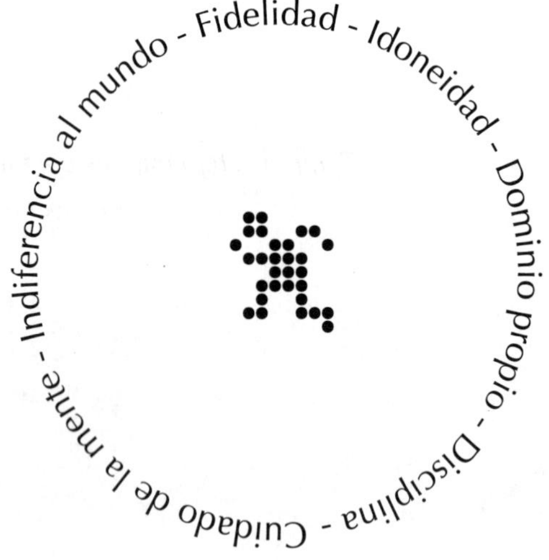

Inferioridad Temor

Venciendo los obstáculos en la consolidación

CÓMO HACER FIELMENTE LA VISIÓN

Capítulo 09

"Para que el Dios de nuestro Señor Jesucristo, el Padre de gloria, os dé espíritu de sabiduría y de revelación en el conocimiento de él".

Efesios 1:17

Lo que permite el éxito en la Visión, es la autoridad espiritual que el Señor derrama sobre ella a través de los líderes involucrados. Pablo pidió en oración, que El Padre de gloria le diera espíritu de sabiduría para cumplir Su propósito.

Para obtener los resultados de una verdadera multiplicación se debe hacer la Visión de manera completa, ya que cuando las personas toman sólo una parte de ella, el compromiso no es del ciento por ciento.

En los Estados Unidos de América se usa mucho el sistema de franquicias. Es interesante como, por ejemplo, Mc Donalds es reproducido idénticamente en cualquier país del mundo donde se concede la exclusividad. Esto quiere decir que los que toman la franquicia tienen que someterse a la fórmula de Mc Donalds, tanto en los ingredientes de cada sándwich, como en el decorado del salón, el trato con los empleados, etc. Con la Visión sucede lo mismo, quien la quiera implementar no debe tomarla para sacar su propia visión, ni seleccionar lo que le guste, sino que debe establecerla tal y cual es. Hay personas que adoptan sólo los Encuentros, o sólo la Escuela de Líderes, o sólo la Consolidación. Cuando la Visión es incorporada a un ministerio, debe incorporarse en su totalidad, sin dejar fuera ningún aspecto de ella, ya que todos los elementos unidos son los que conforman el éxito de ella.

Cuando el pastor entra verdaderamente en la Visión, también lo hacen sus discípulos. En muchas iglesias he visto que el pastor prefiere que otros hagan la Visión porque ellos están acostumbrados a trabajar con diferentes departamentos (los niños, la escuela bíblica, etc.). Entonces, envían a un líder para que la aprenda, para que capte lo que pueda y luego la transmita a su iglesia. Pero si la Visión no entra por la cabeza principal, ésta no tendrá éxito alguno en la congregación. Siempre nos gusta tratar con líderes de primera línea, es decir, que cuenten con la autoridad necesaria para ejecutar los cambios dentro de la iglesia; porque hay cambios de fondo que el único que podrá permitirlos es el pastor principal. Él debe ser el primero en sumergirse en la Visión.

Cuando el pastor de Singapur supo acerca de la Visión, envió algunos jóvenes a Colombia para que aprendieran de ella. Ellos fueron y se convirtieron a la Visión. Luego, el pastor envió a diez personas de su grupo pastoral, y también ellos se convirtieron a la Visión. El único que no había entrado en ella era el pastor principal. Pero un día, sus pastores se reunieron con él y le explicaron que de nada servía que ellos aprendieran de la Visión si él no entraba en ella. Este pastor fue a Colombia, aunque dentro de él pensaba que era innecesario, ya que tenía su propia visión, su propio método de células y no confiaba que de Colombia pudiera aprender algo nuevo. Pero cuando estuvo allí, el Señor le habló diciéndole que esa era la Visión que él tenía que implementar; le movió a ser humilde y a dejar todo lo que había hecho hasta ese entonces a un lado. También su esposa tuvo la misma revelación mientras recibía la enseñanza. Al regresar, implementaron la Visión inmediatamente, y en aquella iglesia el milagro fue completo. Él tomó todo el material que había utilizado hasta ese momento y lo hizo a un lado, comprometiéndose de esta manera cien por ciento con la Visión. Más adelante, les enviamos equipos de entrenamiento para asesorarlos en todos los pasos siguientes. La esposa nunca había predicado ya que era médica de profesión. Pero cuando ella nació a la Visión, el Señor hizo una obra tremenda en su vida. En una de las convenciones que participamos con ellos, tuvimos el gozo de ver que en la red de hombres había alrededor de dos mil quinientos de ellos, mientras que la red de mujeres se componía de unas cinco mil. Toda la familia de aquel pastor entró de lleno en la Visión.

TENER UN COMPROMISO CIENTO POR CIENTO CON LA VISIÓN DEMANDA:

Nuevo nacimiento

1 El Señor dijo que no se puede echar vino nuevo en odres viejos. Usted siempre tiene que estar dispuesto a aceptar los cambios que Dios trae día a día, también debe creer que Él lo va a usar y que ésta es la Visión de Dios para su vida. El Señor Jesús le dijo a Nicodemo: De cierto, de cierto te digo, que el que no naciere de nuevo, no puede ver el reino de Dios (Juan 3:3b). El nuevo nacimiento lo lleva a poder ver la Visión con claridad; y la Visión le va ayudar a ver el gobierno de Dios para este tiempo. Sus ojos espirituales se tienen que abrir. Usted debe creer que hacer la Visión es fácil, debe estar seguro que ella es la herramienta que Dios nos da para dar rápido cumplimiento a la gran comisión, es decir: id, y haced discípulos a todas las naciones (Mateo 28:19).

Compromiso

2 Hacer discípulos implica un trabajo estratégico en el cual debemos comprometernos un cien por ciento con la misión que Dios nos ha confiado. Esta fue la experiencia de Jesús en el huerto de Getsemaní. Hasta el momento en que Jesús estuvo en el huerto, Su

compromiso con la redención fue de un ochenta por ciento; el veinte por ciento restante dependió de las horas que Jesús pasó en aquel lugar. Muchas personas, cuando entran en la Visión, adquieren un compromiso del ochenta por ciento, y el veinte por ciento restante es la decisión que tienen que tomar cuando, por ejemplo, ven que alguno de los ancianos se va de la iglesia, o cuando algunas personas no se muestran conformes ni de acuerdo con la Visión, o cuando los líderes de su denominación no quieren implementarla. Cuando estos pastores ven el peligro que se les avecina, comienzan a temblar; y se inicia una presión en el mundo espiritual, ya que Satanás quiere persuadirlos de abandonar la Visión, señalándoles que antes de ella no tenían problemas. Esta misma presión fue la que sufrió Jesús en el Getsemaní, porque Sus ojos espirituales se abrieron y pudo ver lo que le esperaba en las horas siguientes. Aun vio como la serpiente se movía para que Él retrocediera en el plan de redención. El mismo Señor se estremeció, y por eso le dijo al Padre que si había otra forma de redimir a la humanidad sin tener que pasar por todo aquello, lo hiciera. Si hasta ahí hubiese sido la oración de Jesús, nuestra redención nunca se hubiese llevado a cabo. Mas gracias a Dios por la otra parte de la oración que Jesús hizo, porque agregó: "...pero no se haga mi voluntad, sino la tuya" (Lucas 22:42b). Con esas palabras, Jesús selló Su compromiso total, Su compromiso del cien por ciento.

Hacer la Visión no implica aceptar solamente lo bueno sino estar dispuesto a mantenerse firme en medio de las pruebas. Los hombres de Dios nunca retroceden en la batalla, porque tienen una fuerza interna que los hace valientes. Siempre están avanzando y conquistando, no se amedrentan por las presiones o amenazas, viven dispuestos a hacer la voluntad de Dios por encima de cualquier cosa. Cuando uno adquiere un compromiso del cien por ciento, está dispuesto a ir hasta el final llevando a cabo la Visión. Yo entendí que la Visión significa compromiso. Pude haber aceptado el compromiso sólo para mi ministerio, pude haber puesto en práctica la Visión solo para la Misión Carismática, sin permitir que nadie más conociera la estrategia de nuestro crecimiento. Pero entendí que este no es un compromiso con mi iglesia, ministerio o denominación, sino con el Cuerpo de Cristo, con la Iglesia. Lo primero que el Señor me dijo fue que fuera generoso con la Visión, que la enseñara a aquellos pastores que se sentían fracasados; Él quiso que les alcanzara esperanza a través de la Visión, que tomara a aquellos que no sabían como trabajar en la obra evangelística y los entrenara. Por eso abrimos las puertas a los que quisieran aprender de ella.

En este momento, la Visión está transformando las naciones de la tierra y bendiciendo las diferentes denominaciones. La persona que quiera hacer la Visión no tiene que renunciar a su denominación porque la Visión no entra en conflictos doctrinales, sino que respeta la disciplina y gobierno de cada denominación; no genera problemas con el gobierno que ellas desarrollen internamente. La Visión es una herramienta para hacer crecer las iglesias. El pastor que pertenece a un Concilio no tiene que dejarlo para comenzar a hacer la Visión, por el contrario, él puede influenciar a todo el Concilio a fin de que ellos también comiencen a implementarla, siendo él primero, ejemplo para su denominación. Cuando algunos pastores se encuentran en una encrucijada porque el Concilio no les permite hacer la Visión y me preguntan cómo proceder, les aconsejo que hablen nuevamente con ellos pidiendo autorización para que sólo ellos comiencen a hacerla como un programa piloto; si funciona, luego ellos decidirán si la implementan o no. Pero se debe tener plena libertad para trabajar con la Visión. No es el sentir de G12 que usted se vea forzado a elegir entre la Visión y su denominación, nosotros estamos para ayudarlo a ser el mejor líder o el mejor pastor del mundo. Pero al entrar en la Visión, se requiere un compromiso del cien por ciento; esto significa, hacer la Visión con su equipo hasta el final, logrando que todos tengan un solo corazón para ganar.

Entrenamiento

3 Las personas deben ser adiestradas. Entrenar el equipo es una tarea desafiante ya que esto implica descontaminarlo de argumentos que le impiden recibir correctamente la Visión. Por tal motivo, una vez por semana usted debe reunirse con su grupo para ministrarle. Esta reunión no tiene carácter administrativo, ni financiero, sino ministerial. En las reuniones con mis líderes, trato de que cada palabra supla sus necesidades, procuro discernir las luchas que atraviesan y quebrantar los argumentos que se hayan levantado en el mundo espiritual contra ellos. Esta ministración es parte fundamental de la reunión, y no se puede suprimir. El contacto con los discípulos no se puede pasar por alto. En una oportunidad, no pude reunirme con mis discípulos por un mes, y cuando lo hice, los encontré casi derrotados. La fe se había esfumado y estaban luchando en sus propias fuerzas. Yo pensaba que durante el tiempo que había compartido con ellos, habían recibido suficiente enseñanza, bastante energía, que no necesitaban una reunión por semana. Pero luego comprendí que esa reunión es fundamental. Por eso Pablo dijo: "Por lo demás, hermanos, gozaos en el Señor. A mí no me es molesto el escribiros las mismas cosas, y para vosotros es seguro" (Filipenses 3: 1). Continuamente tiene que dar palabras de alimento y motivación a sus discípulos. Nunca debe llevar sus cargas a la reunión con sus discípulos. El líder principal siempre tiene una mayor revelación que quienes están debajo de él. Por eso, esa palabra tiene que ser transmitida. Cuando esto no se lleva

a cabo, la gente queda sin alimento. Semana a semana debe haber contacto con su equipo, ya que esto lo entrena y lo forma. Por tres años y medio, Jesús fue formando a Sus discípulos hasta que estuvieron listos para seguir Sus pasos, haciendo Su obra. En aquel tiempo, Cristo aprovechaba cada circunstancia para instruirlos, afirmando el carácter de cada uno. Parte del entrenamiento fundamental es formar el carácter de los discípulos. Si sólo les proporcionamos conocimiento y no moldeamos el carácter, la obra es incompleta. El Señor quiere que primero forjemos su carácter, porque éste les ayuda a estar firmes en medio de las pruebas.

Motivación

4 El líder tiene que ser un gran motivador. La motivación va unida al entusiasmo. El líder no puede presentarse como derrotado, ni relatar a sus discípulos las pruebas que está viviendo, cargándoles con sus problemas. Los discípulos necesitan a alguien que los anime. El pastor nunca debe mostrarse deprimido; cualquier persona en la iglesia puede hacerlo, menos el pastor. Esto está terminantemente prohibido. Si se deprime el pastor, todo se acaba. Él necesita mantener su espíritu siempre en alto, precisa conservar el entusiasmo. La palabra "entusiasmo" está compuesta por la palabra enteos, que significa: lleno de Dios. Esto equivale a sentir que la fuerza de Dios está dentro de uno, y lo levanta como un conquistador.

Vida de fe

5 La fe nunca jamás debe ausentarse de su ministerio. Todo lo que usted haga debe ser a través de la fe. Actualmente, nuestros Encuentros tienen gran éxito, pero el resultado se debe a la preparación anterior, porque un Encuentro es enfrentarse al infierno, quitarle las almas a Satanás y a través de la fe trasladarlas al reino de luz. Esto

solo se conquista en el lugar secreto, en la intimidad con Dios. Nunca quite el elemento de la fe de todo lo que emprenda. Y enseñe esto a sus discípulos; que vivan siempre en un alto nivel de fe.

Conocimiento de la Visión

6 No conserve una idea parcial de la Visión. Para conocer cada paso de la misma, debe estudiarla, volverla a estudiar y seguir estudiándola. Debe sumergirse en la Visión hasta que la domine en su plenitud. Si no entiende algo, consulte. Algunos pastores creen que son expertos en la Visión por haber ido a una conferencia de G12; y con solo eso, salen a dar conferencias a otros lugares. Lo único que hacen es confundir a la gente, porque no tienen idea de lo que es la Visión. Usted tendrá autoridad para enseñar acerca de la Visión cuando haya logrado ser ejemplo en su propia iglesia. No caiga en el error de ser un conferencista teórico, predique con su vida y verá cientos de personas bendecidas en el Señor.

REFLEXIÓN

Para obtener los resultados de la multiplicación se debe hacer cada paso de la Visión, ya que cuando las personas toman sólo una parte de ella, el compromiso no es del cien por ciento.

1. La manera de alcanzar un verdadero éxito en la Visión es (marque con una X):

a. Tomar una parte de ella y trabajar hasta hacerla excelente

b. Comenzar a involucrar solo los ancianos de la iglesia

c. Tomar la Visión con exactitud como una franquicia

d. Debe comenzar por la cabeza por el Pastor principal

e. Hacer cada paso con sabiduría

2. Tener un compromiso cien por ciento con la Visión demanda:

____

____

____

3. ¿Por qué es importante el nuevo nacimiento para recibir la Visión?

____

____

____

4. COMPROMISO

¿En qué momento el Señor Jesús mostró su compromiso del cien por ciento?

____

____

¿Cuál es su nivel de compromiso con la Visión? ____________

El entrenamiento es vital en el desarrollo de la Visión. En qué ha invertido usted para un mejor adiestramiento:

a. Seminarios
b. Convenciones
c. Material de la visión
d. Asesoría Pastoral
e. Compromiso al cien por ciento

¿Cuáles han sido los mayores impedimentos para el desarrollo de la Visión? Falta de:

a. Motivación
b. Compromiso
c. Fe
d. Entrenamiento
e. Conocimiento

VERSÍCULO CLAVE PARA MEMORIZAR: EFESIOS 1:17

Evaluación Personal

¿Qué cambios necesita llevaría a cabo para desarrollar la Visión con exactitud?

DINÁMICA

"Para que el Dios de nuestro Señor Jesucristo, el Padre de gloria, os dé espíritu de sabiduría y de revelación en el conocimiento de él".

Efesios 1:17

TENER UN COMPROMISO 100% ES:

Compromiso

Nacer de nuevo
(Juan 3:3b)

Entrenamiento
(Filipenses 3:1)

Motivación

Vida de fe

Conocimiento de la visión

Cuando las personas toman una parte de la visión no hay 100% de Compromiso.

EL TRABAJO EN EQUIPO

Capítulo 10

"Y estableció a doce, para que estuviesen con él, y para enviarlos a predicar".

Marcos 3:14

Si queremos ver resultados excelentes dentro de nuestro ministerio, tendremos que aprender a trabajar en equipo, especialmente en la iglesia, porque facilita el crecimiento, haciendo que sea continuo y sólido. Permite la diversidad de funciones en un mismo cuerpo, porque a medida que un desafió crece la necesidad de un trabajo en equipo aumenta, todos dirigidos al logro de un objetivo común

LOS DISCÍPULOS PODRÁN CRECER HASTA DONDE LA FE SE LO PERMITA

El líder podrá crecer hasta donde el trabajo en equipo se lo permita. Un ejemplo bíblico lo encontramos en la vida de Moisés, que quería emprender un gran trabajo solo, pero su suegro le dio el mejor consejo:"solo no podrás; necesitas de un equipo y multiplicar tus esfuerzos a través de él", "este trabajo es demasiado para que lo hagas tú solo" (Éxodo 18:13-26).

Las barreras que impiden el crecimiento se encuentran en la mente de las personas. La multiplicación es el resultado de entender lo fácil que es poder reproducirnos en otros, donde lo único que se requiere es haber sido llamado por Dios y conocer a Jesucristo como nuestro Señor y Salvador. Así como fuimos ganados para Jesús, también debemos ganar a otros para que le sirvan a Él. De esta forma, el discípulo debe concentrarse solamente en la formación de doce personas y proponerse lograr esta meta en el lapso de un año. Cuando haya alcanzado este objetivo, su prioridad pasará a ser la de ayudar a cada uno de sus doce a hacer lo mismo que usted hizo con cada uno de ellos, también proponiéndose como plazo un año. De este modo, en dos años, usted podrá ver a cada uno de sus doce con una célula propia.

LOS DOCE SON LA PROYECCIÓN DEL LÍDER

"Y cuando era de día, llamó a sus discípulos, y escogió a doce de ellos, a los cuales también llamó apóstoles" (Lucas 6:13).

Al trabajar con el equipo de doce se establecen relaciones consistentes que contrarrestan la superficialidad de la sociedad moderna y motivan a trabajar hacia un mismo objetivo. Hace veinte años tuve la visión de una iglesia celular y empecé a capacitar personas dentro del liderazgo, pero sólo cuando logré establecer la Visión de los doce pude ver el desarrollo personal y eficaz de los miembros de la iglesia. Una de las primeras muestras de capacidad de liderazgo se observa en las personas que el discípulo lleva a los Encuentros. Para que los discípulos puedan ganarse el derecho de ser guías de un Encuentro tienen que saber ganar almas, y para que puedan ganar almas para Cristo tienen que saber hacer guerra espiritual, ser perseverantes e insistentes hasta ver a las personas respondiendo al llamado. Cada líder tiene sus propias metas y, para lograrlas, reúne a su equipo de doce y lo desafía a cumplirlas. Para lograr esta meta se debe establecer un pacto de ayuno y oración, para que el Señor despeje los aires y las personas estén dispuestas y puedan asistir sin ningún impedimento. De esta manera, desde un primer momento, los discípulos se entrenan en la oración, la guerra espiritual y la fe, tres elementos que brindarán solidez a sus ministerios.

EL TRABAJO EN EQUIPO TRAE MULTIPLICACIÓN SIN LÍMITES

"Habiendo reunido a sus doce discípulos, les dio poder y autoridad sobre todos los demonios, y para sanar enfermedades. Y los envió a predicar el reino de Dios, y a sanar a los enfermos" (Lucas 9:1-2).

El Señor Jesús dijo: "...edificaré mi iglesia" (Mateo 16:18a). Él tenía una gran misión, pero sólo se concentró en doce personas, las formó como líderes y los involucró en la visión hasta que pudieron darle continuidad por ellos mismos, salieron hacer las mismas cosas que el Señor hacía. Debemos entender que si el Maestro de maestros centró toda Su atención en doce personas, esa es la llave del éxito ministerial. Hagamos lo mismo pues, si a Cristo le dio resultados, a nosotros también. Formar a doce es más eficaz que formar a treinta; se pueden crear mejores vínculos que en grupos grandes. Asimismo se puede atender con más amplitud la obra. Cada uno de los líderes que forma parte de nuestro ministerio ha recibido un voto de confianza de parte nuestra; esto les ha dado mucha seguridad y fortaleza dentro de sus propios ministerios, pudieron sentir que estaban en un ambiente propicio para el crecimiento y el desarrollo de la unción.

LA MAYOR INFLUENCIA DEL LÍDER ES LA HUMILDAD

Jesús dijo a Sus discípulos: "Llevad mi yugo sobre vosotros, y aprended de mí, que soy manso y humilde de corazón; y hallaréis descanso para vuestras almas" (Mateo 11:29). Es fundamental que el líder sea una persona sencilla, a fin de que sus discípulos puedan acudir a él con plena confianza. Es mucho más fácil abrir el corazón a alguien con esta característica que a alguien arrogante, con quien uno siente como una barrera que impide expresarse libremente. La Visión se fundamenta en la confiabilidad, la cual se da cuando los participantes no ponen reparo en mostrarse tal cual son. Es importante que como ganadores de almas tratemos de crear toda una atmósfera para que los que estamos alcanzando para Jesús se sientan confortables, pues esto les brindará seguridad; además, en la medida que les ayudamos a desarrollarse, esto les dará mayor confianza. El cuidado que debemos tener con el nuevo debe ser muy similar al que los padres tienen con sus hijos cuando están creciendo y se esfuerzan por dar sus primeros pasos. Como padres, les ayudamos a conseguirlo. Nuestros niños necesitan que estemos atentos a ellos y les demos nuestra aprobación. Del mismo modo sucede con los discípulos; ellos esperan una voz de aliento después de cumplir con sus pequeñas responsabilidades, esperan una palabra o un gesto que les diga que lo han hecho bien, y si así fuese, igualmente necesita que su líder les reafirme.

MOTIVAR CONTINUAMENTE EL EQUIPO

Cada discípulo espera una palabra de motivación de parte de su líder. Debemos entender cómo de una palabra de motivación nuestra, puede depender el fruto de su ministerio. Juntamente con mi esposa aprendimos que la motivación a los discípulos debe ser continua, por ello nos esforzamos para darles en cada reunión una alta dosis de motivación que les dure por el resto de la semana. En algunas ocasiones, el impulso sólo alcanzaba para dos o tres días y teníamos que reforzarlo telefónicamente. Entendimos que un líder altamente motivado es un líder altamente productivo.

DIOS PRIMERO NOS TITULA Y LUEGO NOS CAPACITA

A aquellos a quienes Dios ha elevado a un lugar de honra, deben entender como este privilegio demanda responsabilidad, razón por la cual, ellos deben trabajar más que los otros. También, deben capacitarse mucho más que sus discípulos, y su vida de oración debe ser todo un desafío para aquellos que está discipulando. El ministerio no se puede tomar con ligereza, es el resultado de la pasión por salvar las almas y engrandecer el Reino de Dios. Debemos entender que no llegamos al ministerio por accidente, sino porque fuimos escogidos por Dios desde antes de la fundación del mundo, para cumplir con el propósito preestablecido para cada uno de nosotros. Pero como lo he dicho en otras ocasiones, el Señor tiene un muy buen sentido del humor; Él primero nos titula y luego, nos capacita para cumplir de una manera eficaz esa responsabilidad.

Ahora todo depende de la manera como cada uno asuma aquello que Dios le ha confiado, todo lo que hagamos para Dios debe reflejarse en el fruto. Cada persona debe entender que ha sido escogida para formar parte de un equipo por su compromiso, su dedicación, su esfuerzo; por tener el deseo de hacer las cosas para Dios y no para los hombres. Dios como premio a su fidelidad, le abrirá el entendimiento para que comprenda cómo desarrollar cada uno de los pasos de la Visión; y al mismo tiempo, le dará la gracia para que pueda ser de influencia en otras personas.

CONFORMAR EL EQUIPO DE DOCE DEBE SER SU PRIORIDAD

El próximo peldaño es la conformación de su grupo de doce. Para conseguir sus doce, tiene que trabajar en equipo con sus discípulos para que ellos le ayuden a conformar su equipo; quiero reiterar este principio, antes de que ellos conformen sus propios equipos, deben ayudarle a tener sus doce. De tal manera que si usted sólo cuenta con tres personas en su grupo, cada una de ellas puede invitar a otras tres, a quienes usted debe consolidar. La meta es que en el tiempo más corto, usted tenga sus doce. Usted trabajará con los doce que esté formando y, cuando ya empiecen a desarrollarse en sus células, deben hacerlo dando fruto. Pero, lo que quiero enfatizar es que antes de comenzar a multiplicar células, debe tener sus doce. Cuando cuente con ellos, los doce se moverán de acuerdo a su visión. Y la visión suya es la misma que están recibiendo los otros. Así fácilmente viene la reproducción. El equipo más importante es éste, el grupo base, por eso es trascendental invertir en la formación de los primeros doce.

AYUDAR A QUE LOS DISCÍPULOS SE DESARROLLEN

Aunque dentro de la Visión existen los materiales para que los discípulos se desarrollen y alcancen por sí mismos el éxito en el ministerio, no obstante, se requiere el apoyo de sus líderes. Como en el ciclismo, cuando el pelotón deja a un corredor rezagado, es muy difícil que éste los alcance. O como sucede con las aves de una misma especie, cuando vuelan en forma de V aumentan su velocidad, pero cuando alguna queda detrás del grupo, sus fuerzas se reducen en un setenta por ciento. Usted no puede permitir que sus discípulos se salgan del ritmo de crecimiento del resto del grupo, pues su crecimiento es la fuerza para todo el equipo. Esto es exactamente lo que vemos en la iglesia de Bogotá. Los líderes que están ahí, cuando ven a sus compañeros crecer y multiplicarse, no desean quedarse atrás. Entonces, redoblan sus fuerzas y aceleran el ritmo para alcanzar al resto. Usted debe tener como meta que su equipo de doce sea ejemplar. Usted va a marcar las pautas que seguirán sus discípulos, y lo que haga, los demás lo querrán imitar. Por eso, siempre debe mantenerse a un buen ritmo de crecimiento, usando el elemento de la fe, de la oración y cuidándose de nunca bajar el nivel de la oración de conquista.

REUNIRSE CON LOS DISCÍPULOS UNA VEZ POR SEMANA

La base para un buen desarrollo es que cada líder haya conformado su equipo de doce y se reúna con ellos mínimo una vez por semana. Luego de conformar su equipo debe ayudar a cada uno de sus discípulos a hacer lo mismo. Para ello haga un trabajo estratégico en las células. La célula se debe realizar una vez por semana, y ésta es diferente al grupo de doce. El G12, o reunión de doce, no tiene crecimiento pues es un grupo cerrado, un grupo de formación. Pero cada célula debe tener un crecimiento similar al de la célula orgánica. Dos cromosomas se multiplican, desprendiéndose y convirtiéndose en cuatro, luego en ocho, y así sucesivamente. Siempre debe haber crecimiento, pues Dios traerá gente nueva.

Reflexión

Si queremos ver resultados excelentes dentro de nuestro ministerio, tendremos que aprender a trabajar en equipo, especialmente en la iglesia.

1. Según lo que declara Lucas 6:13, por qué es importante trabajar en equipo.

____

____

____

2. Cite los mayores impedimentos que haya encontrado para trabajar en equipo. Luego, junto a cada uno de ellos escriba una cita bíblica que le afirme que usted tendrá la victoria.

____

____

____

3. Luego de leer Lucas 9:1-2, detalle por qué al trabajar en equipo se multiplican los resultados.

____

____

____

4. Completar las siguientes frases referentes al tema.
La mayor influencia del líder______________________
Conformar el equipo de doce debe ser________________
Ayudar a que los discípulos ______________________

VERSÍCULO CLAVE PARA MEMORIZAR: MATEO 11:29

Evaluación Personal

a. ¿Se siente usted parte vital de un equipo? Explique su respuesta.

b. ¿Disfruta el trabajo en equipo, o se desenvuelve mejor solo? Explique su respuesta.

c. ¿Es usted un líder que inspira a aquellos que lo rodean? Explique su respuesta.

Dinámica

"Y estableció a doce, para que estuviesen con Él, y para enviarlos a predicar".

Marcos 3:14

EL TRABAJO EN EQUIPO

- Se crece hasta donde la fe lo permita
- Dios primero nos titula y luego capacita
- Los doce son el reflejo del líder
- Trabajo en equipo = multiplicación
- Mantenerse humilde
- Motivación continua al equipo
- Conformar los Doce es una prioridad
- Reunirse y ayudar a cada discípulo a formarse

LIDERAZGO CORRECTO
PARTE 1

Capítulo 11

"Porque las palabras que me diste les he dado; y ellos las recibieron, y han conocido verdaderamente que salí de ti, y han creído que tú me enviaste"

Juan 17:8.

Jesús, durante los tres años y medio de Su ministerio, derramó Su vida en aquellos que luego fueron Sus doce apóstoles. Cuando el Señor me dio la revelación del Gobierno de los doce (G12), me dijo que formara doce personas reproduciendo el carácter de Cristo que había en mí en ellos. Fue lo que hice con el equipo, derramé mi vida en ellos, todo lo que el Señor me mostraba les era transmitido sin reservas. Fui generoso con ellos, sin guardarme ninguna de las revelaciones que Dios me daba. Ellos recibieron todo de primera mano; esto los fue formando y dando carácter. Es muy importante que el líder vierta su unción, gracia y conocimiento en sus discípulos. Usted no debe darles un mensaje intelectual, sino uno espiritual. El líder sabe oír a Dios y es cuidadoso en transmitir el consejo divino a su equipo, porque anhela que sus discípulos tengan el mismo carácter de Cristo y que no caminen con la Visión sino que corran con ella.

El Señor oró por tener doce bien comprometidos y no dos mil comprometidos a medias. Ore por doce, no pierda tiempo en oraciones vanas, porque ellas son el desvío de la intercesión. Hay personas que tienen el fuego de la intercesión pero mal canalizado. Hay quienes oran para que una ciudad sea salva y no sucede nada. Se debe a que algunos se han acostumbrado a elevar oraciones muy generales, que no dan en ningún blanco. La oración específica debe ser: "Señor, queremos que primero nos des doce personas en esta ciudad, comprometidas Contigo y con la Visión". Su meta debe ser que ellos sean salvos ese año, no dentro de cinco años. Si usted logra conformar sus doce en un año, en dos años podrá tener ya sus ciento cuarenta y cuatro; año tras año podrá ver el desarrollo de su ministerio. Debemos entender que la salvación del mundo depende de la salvación de doce. Por eso, el Señor no quiso que nos distrajéramos y dijo: "Yo ruego por ellos; no ruego por el mundo, sino por los que me diste; porque tuyos son" (Juan 17:9). El Señor no perdía tiempo orando por impíos. Si hay doce comprometidos, podremos comenzar a salvar al mundo; de otra manera no llegaremos a nada.

EL LÍDER DE DOCE TRABAJA PARA CONSTRUIR EL REINO DE DIOS

"Y todo lo mío es tuyo, y lo tuyo mío; y he sido glorificado en ellos" (Juan 17:10). No trabajamos para construir nuestro propio reino, sino en la edificación del Reino de Dios. La Iglesia de Cristo no es nuestra, es del Señor.

Cuando nos trasladamos a Brasil para que mi esposa asumiera su responsabilidad como Embajadora de Colombia en esa nación, una de las personas, que supuestamente nos estaba representando, y le decía a todos los pastores que nosotros éramos como sus padres espirituales, al llegar a la nación de Brasil comenzamos a enterarnos de todas las cosas incorrectas que aquel hombre había hecho, en nombre de la Visión. Él se asustó tanto por lo que podía acontecerle si era desenmascarado que, antes de que lo oculto saliera a la luz, comenzó a acusarnos de un sinnúmero de cosas, que sólo estaban en su corazón. Trataba de esta manera de limpiar su imagen ante los pastores y así ejercer control sobre sus vidas e iglesias. Lamentamos por aquellos pastores que aparentando tener un corazón correcto cayeron en la trampa de este hombre. Debemos recordar que la Iglesia es de Jesucristo. Él nos enseñó a orar: "Todo lo mío es Tuyo", tan diferente a lo que solemos orar: "Todo lo Tuyo es mío". Jesús tenía un corazón desprendido; así debe ser el corazón del líder de doce. Todos tenemos que aprender a dar de lo que Dios nos ha dado. Cuando usted da todo a Dios, es añadida la parte que dice: "Todo lo Tuyo es mío". Usted solo puede disfrutar de las riquezas de Dios cuando tiene un corazón desprendido y generoso. Si nunca ha aprendido el secreto de dar, jamás obtendrá la bendición de recibir. La ofrenda que agrada a Dios es la que cuesta. Si hay dolor en su corazón, seguramente su ofrenda ha tocado el corazón de Dios. El líder de doce siempre da lo mejor a Dios, y por eso siempre recibe lo mejor de Él.

VIVIENDO EN LA DIMENSIÓN DE LO SOBRENATURAL

"Y ya no estoy en el mundo; mas estos están en el mundo, y yo voy a ti" (Juan 17:11a).

Todos aquellos que han sido llamados al ministerio por el Señor, deben atravesar una etapa en la que deben enfrentar diversas adversidades; es cuando uno siente que el Señor no está a nuestro lado para ayudarnos, y es allí cuando debemos pelear nuestra propia batalla de fe. Es como caminar sobre las aguas, sin mirar a los costados para no hundirnos, como le sucedió a Pedro.

Después de ser víctimas del atentado, junto con mi familia salimos de Colombia y dejamos la iglesia bajo la responsabilidad de algunos líderes. En nuestra ausencia, Satanás trabajó de una manera diferente en los corazones de tres de ellos a quienes considerábamos líderes de primera línea. Uno de ellos –quien era muy allegado a nosotros-, mientras estaba debatiéndome entre la vida y la muerte, al segundo día del atentado, fue a hablar con el gerente financiero y le dijo: -"Quiero que me entregue cuentas de todo, porque a partir de ahora tomaré el control de todo"-. La respuesta del gerente fue: -"Pero si el pastor aún no ha muerto y la pastora aún continúa con vida". Mas esta persona seguía insistiendo, como obsesionado por la sed de poder, y le dijo: -"No me importa, quiero ahora responsabilizarme de todo"-. A lo que el gerente contestó: -"¿Qué información necesita y se la doy? Mas no he recibido órdenes de nadie de hacerle entrega de nada". Después de esto abandonó la oficina. Este líder por estar tan obsesionado con el poder se desvió del propósito divino y, de un momento a otro, renunció al ministerio. Otro líder se contaminó con dinero al dejar que la avaricia entrara en su vida, incurrió en el pecado de robo. El tercero cayó en pecados morales, aunque trataba de ocultar su pecado bajo sus drásticos sermones, los mismos discípulos fueron los que lo delataron y huyó de la iglesia. Aunque estos tres líderes tenían gran influencia sobre el liderazgo, ninguno de sus discípulos aprobó lo que hicieron, salvo unos pocos que se habían confabulado con ellos. Mas la mayor parte del liderazgo, -incluyendo los del grupo de doce de cada uno,- permaneció fiel a la iglesia y la Visión. Cuanto lamentamos que estos tres líderes, que tanto apreciábamos, no pudieran soportar la prueba y salieron de la carrera antes de haberla concluido.

Somos concientes de que como líderes debemos librar muchas batallas; hay temores, obstáculos que vencer pero, si estamos asidos de Su Palabra y resistimos al enemigo en fe, podremos pasar la prueba.

Cuando la persona aprende el lenguaje de la fe, deja de pertenecer a este mundo para convertirse en un ciudadano del Reino de Dios.

BUSCANDO LA UNIDAD EN EL LIDERAZGO

"Padre santo, a los que me has dado, guárdalos en tu nombre, para que sean uno, así como nosotros" (Juan 17:11b). Veinte años atrás, el Señor nos dio una palabra profética donde nos mostraba uno de los períodos de prueba más difícil que tendríamos que pasar, el cual vivimos recientemente. Aunque a nosotros nos tomó por sorpresa, el Señor sabía de antemano todo lo que tendríamos que experimentar. Parte de esa profecía dice:

"Pasarán un tiempo de fuego; un tiempo en el cual las personas no entenderán lo que Yo estoy haciendo. Tampoco comprenderán lo que yo le estoy diciendo a mi pastor. Puede ser un tiempo de murmuración. Como con fuego cuiden sus corazones, dice el Señor; deben buscar la unidad en el liderazgo y con mi pastor. Cuando no comprendan lo que estoy haciendo, oren; cuando no vean la respuesta o no entiendan la dirección en la cual el pastor los está dirigiendo, en obediencia a Mí, caigan de rodillas y oren. Busquen mi rostro y ministren a las personas que tengan el corazón herido, por quizá no entender la dirección en la que la iglesia esté yendo en ese momento. Ustedes que son fuertes, ustedes que son maduros, levántelos, minístrenlos, pero no se dejen contaminar por ellos. Aprendan cómo ministrarles mi amor, aprendan cómo ministrarles aceptación, sin recibir el rechazo de ellos hacia la iglesia, porque es hacia Mí, dice el Señor. Mi Cuerpo, yo los aprecio. Yo no estoy echando a nadie, dice el Señor, quiero congregarlos a todos, aún a aquellos que están heridos, y a los que han caído quiero levantarlos. Sé que se levantarán, pero para ello se requiere un arrepentimiento y reconocimiento de parte de ellos a la iglesia. A los líderes que se han ido, el Espíritu Santo les dice: Vuelvan a Mí... Si por teléfono han escuchado queja, murmuración, vuelvan a Mí. Limpia tu corazón de estas cosas y únanse, bajo la unción del pastor que he puesto en este lugar; él tiene la unción para llevarlos adelante, y en la medida que estén siguiéndole a él, recibirán paz, y comerán de pastos verdes, porque él sabe cómo dirigirles en mi Espíritu Santo. No salten el cerco pensando que el pasto es más verde por allá; porque en realidad son desiertos pintados de verde por el diablo, para engañarlos. Vuelvan, humíllense, únanse y sigamos adelante, dice el Espíritu. Sigamos adelante y pasaremos el tiempo de fuego, y todos los que permanezcan después de este fuego, mostrarán que son de oro y plata; porque la plata y el oro no se queman en el fuego de la prueba, la persecución o la murmuración. Aquellos que permanezcan fieles a Mí, y a la iglesia, demostrarán que en el tiempo de queja tienen carácter de oro, carácter de plata. Toda la paja y toda la madera se quema con la queja y con las cosas que son contrarias. Aquellos que sean fieles a Mí y a la iglesia, serán manifiestos como: Fieles, que tienen corazones rectos y serán usados para apoyar al liderazgo de la iglesia, dice el Señor. En mi tiempo estableceré personas fieles en los lugares de responsabilidad y ministerio, pero sólo luego de probar que son fieles, en unirse al pastor en estos tiempos difíciles, dice el Espíritu Santo.

Saldrán de este tiempo de prueba y verán los campos, serán usados como congregación para ganar muchas almas. Alcanzarán a muchos que recibirán sanidad. Y dice el Señor, necesito levantar, después del tiempo de fuego, del tiempo de prueba, capitanes sobre cincuenta, capitanes sobre doscientos, capitanes sobre quinientos, repartiendo liderazgo sobre el rebaño, porque van a crecer y crecer. Se escribirán libros acerca de este ministerio, dice el Señor".

Aunque vivimos nueve meses de prueba, esto trajo mayor unidad e integración entre nosotros con el liderazgo y con la iglesia. El Señor preparó todo para que pudiéramos volver al país, y no sólo ver el desarrollo ministerial de cada uno de los fieles, sino que Él también permitió que les demos las directrices para ese gran crecimiento que ahora estamos viviendo.

DIOS PROTEGE AL LIDERAZGO

"Cuando estaba con ellos en el mundo, yo los guardaba en tu nombre; a los que me diste, yo los guardé, y ninguno de ellos se perdió, sino el hijo de perdición, para que la Escritura se cumpliese" (Juan 17:12). Debemos entender que estamos en guerra abierta contra el adversario y así como en el campo de batalla hay bajas de un lado y otro. Aun el mejor ejército del mundo sabe que en la guerra algunos guerreros serán dados de baja. En el ámbito ministerial es similar. Como ministerio hemos arrebatado cientos de miles de almas al adversario, y éste no se quedó con los brazos cruzados sino que, en el momento menos pensado, lanzó sus dardos y derribó a tres de aquellos que habíamos considerado que eran de los valientes.

Debemos entender que los dardos del adversario vienen envueltos en pensamientos humanos. Los pensamientos son como semillas y nuestra mente es como un campo fértil; mas cuando el creyente tiene una motivación incorrecta, entonces la mente se convierte en la tierra propicia para que esa semilla de maldad sea sembrada en tal persona y, con el paso de los años, estará germinando, hasta dar el fruto incorrecto. Judas, por haber tenido una motivación incorrecta, permitió que la semilla de la avaricia se acomodara en su corazón y el fruto que dio fue traicionar sus principios y vender a su Maestro. Aunque luego sintió remordimiento, no logró arrepentirse y terminó en el suicidio. Creo que es demasiado doloroso que alguien a quien uno ha amado y en quien ha invertido gran parte de su vida para su formación ministerial, de un momento a otro cambie y traicione sus principios y, con sus actos, tuerza sus propias enseñanzas, vendiéndose por unas cuantas monedas. Sabemos que todo resulta del haber permitido la semilla incorrecta en su corazón. En el caso del Señor, de los doce, uno fue el traidor; en nuestro caso donde tenemos una congregación bastante numerosa, tan sólo tres se dejaron contaminar y abandonaron la carrera. Podemos decir que Dios guardó a la iglesia y ninguno de ellos se perdió, sino aquellos que desde un principio dieron lugar al enemigo.

LOS DISCÍPULOS DAN CONTINUIDAD A LA OBRA

"Pero ahora voy a ti; y hablo esto en el mundo, para que tengan mi gozo cumplido en sí mismos" (Juan 17:13).

Jesús ya sabía que el tiempo de Su partida estaba cerca y se sentía satisfecho con el balance de Su ministerio. No se preocupaba por lo que pudiese acontecer después de Su partida, porque sabía que los doce que había formado darían continuidad a la obra. "Como tú me enviaste al mundo, así yo los he enviado al mundo" (Juan 17:18). Jesús sabía que, a excepción de Judas, todos los demás se esforzarían por dar a conocer el mensaje de la redención hasta lo último de la tierra. Dios ha permitido que la Visión que Él nos dio sea probada en todas las formas y, en cada uno de los pasos que tuvimos que dar, se ha demostrado que la Visión funciona. El haber dejado la iglesia bajo la responsabilidad del grupo de doce por varios años, cuando sólo predicaba unos pocos fines de semana por año, sin que bajara el ritmo de crecimiento, es una muestra de que la Visión funciona.

Al descubrir que estos tres líderes de primera línea estaban haciendo cosas incorrectas, tuvimos que disciplinarlos, no sólo a ellos sino a sus equipos de doce. Lo sorprendente fue que los únicos que no se sometieron a este tiempo de disciplina fueron ellos, mientras que sus respectivos equipos, sí lo hicieron. Aunque ellos, como líderes de equipo abandonaron la iglesia, sus discípulos se mantuvieron firmes en el lugar en el cual Dios los había llamado. El hecho de que estas personas se retiraran como individuos, sin que aquellos que lideraban se fueran tras ellos, demuestras que la Visión, si funciona. Todo esto aconteció porque Dios, de una manera sobrenatural, cuida de Su Iglesia, pues Él fue quién murió por ella y conoce el valor de cada alma. Podemos declarar que el Señor ha levantado un cerco de protección alrededor para que ninguno de los fieles se aparte de la senda.

Consolidar es cuidar la vida del nuevo creyente hasta que en él se vea plasmado el carácter de Jesús, eso lo lograremos por medio de un liderazgo que sea dirigido por el Espíritu Santo, un liderazgo que fluya en lo sobrenatural el cual nos permitirá proteger cada vida para que cumpla con el propósito divino.

Reflexión

Jesús, durante los tres años y medio de ministerio, derramó Su vida en aquellos que luego fueron Sus doce apóstoles.

1. Cada referencia bíblica dada a continuación describe una verdad acerca del desarrollo de un liderazgo correcto. Luego de leer el pasaje en las Escrituras escriba junto a la cita la enseñanza.

a. Juan 17:3 ______________________________

b. Juan 17:8 ______________________________

c. Juan 17:10 ______________________________

d. Juan 17:14 ______________________________

e. Juan 17:6 ______________________________

f. Juan 17:19 ______________________________

2. Qué significa para usted tener un corazón desprendido (Juan 17:10).

____

____

____

3. Según lo que puede leer en Daniel 4:30, qué espíritu es el que se apodera de algunos lideres. Explique.

____

____

____

4. ¿Por qué es importante que el líder viva en la dimensión de lo sobrenatural?

____

____

____

5. ¿Cuál es el mayor enemigo que ataca la unidad en su liderazgo o ministerio?

____

____

____

VERSÍCULO CLAVE PARA MEMORIZAR: JUAN 17:19

Evaluación Personal

a. ¿Considera su liderazgo correcto o incorrecto?

b. ¿Qué desafíos trajo a su vida esta enseñanza?

Dinámica

"Y por ellos yo me santifico a mí mismo, para que también ellos sean santificados en la verdad"
Juan 17:19

CARACTERISTICAS DEL LIDERAZGO CORRECTO

1. El lider de doce se esfuerza por enseñar a su equipo

2. Trabaja por reconstruir el reino de Dios

3. Vive en la dimension de lo sobrenatural

4. Busca unidad en el liderazgo

5. Sabe que Dios proteje su liderazgo

6. Sus discipulos dan continuidad alaobra

8. El lider es formado por lapalabra de Dios

9. Dios guarda el lider del mal

10. El lider y losdiscipulos viven en santidad

11. Prepara al equipo para evangelizar

12. El equipo de doce honra y exalta al lider

LIDERAZGO CORRECTO

PARTE 2

Capítulo 12

"Yo les he dado tu palabra; y el mundo los aborreció, porque no son del mundo, como tampoco yo soy del mundo"
Juan 17:14.

Cuando las personas reciben en su vida la Palabra de Dios, comienzan a hablar otro lenguaje. Lo primero a lo que se tendrán que enfrentar es con la presión del mundo. El mundo habla el lenguaje de la lógica, el lenguaje de las circunstancias; no entiende el lenguaje de la fe. Si usted hace un análisis de la historia de las denominaciones encontrará que todas comenzaron con el ingrediente de la fe, que hubo un fuego dentro de ellos que los movió para que naciera tal denominación. Pero sus sucesores no conocieron el lenguaje de la fe; los líderes no supieron reproducir el lenguaje de la fe en la siguiente generación. Entonces, comenzaron a guiarse por la lógica o las tradiciones.

Si usted observa, las más grandes universidades de los Estados Unidos antes eran seminarios bíblicos. ¿Qué sucedió para que el Santo Nombre de Dios ya no se mencione en estos lugares? Es que los líderes espirituales no lograron reproducir el mensaje en las siguientes generaciones, les faltó visión. El Señor transmitió Su mensaje a los doce, y ellos hicieron lo propio con sus discípulos. Es lo que hace la Visión. El líder comunica el mensaje a sus discípulos, y éstos hacen lo mismo con su descendencia. El líder es un protector del equipo pero, a la vez, un fiel comunicador de las enseñanzas que ha recibido del pastor principal. Los líderes deben ser fieles en transmitir la Palabra a sus discípulos y cuidarse de no dar su propio mensaje, sino el mensaje que reciben de sus líderes inmediatos. Por causa de esta fidelidad es que podemos ver que hay crecimiento constante en la iglesia, pues todos hablamos el mismo lenguaje. Los que han tenido la oportunidad de ir a Bogotá notarán que todos hablan de células, todos hablan de Encuentros, porque la Visión es un modo de vida.

DIOS NOS GUARDA DEL MAL

"No ruego que los quites del mundo, sino que los guardes del mal" (Juan 17:15). El Señor nos enseñó en la oración del Padrenuestro que oremos diciendo: "... líbranos del mal..." (Mateo 6:13). Lo que más puede entristecer el corazón del líder es que uno de sus discípulos caiga en pecado. Debemos ser conscientes de que, mientras estemos en este mundo, tendremos que enfrentar toda clase de ataques provenientes del adversario. No podemos impedir que nuestros jóvenes vayan a prepararse a la universidad, o vean una película, o asistan a un espectáculo. Como líderes, no podemos estar constantemente como guardianes protegiendo a cada uno de los miembros de nuestras congregaciones, sino que debemos confiar en que el Espíritu de Dios está alrededor de ellos protegiéndolos de una manera sobrenatural. Sabemos que Dios ha prometido levantar un cerco de protección alrededor de los fieles, pero si algún creyente traspasa la línea y pisa el terreno del enemigo, lo más probable es que el mal toque su vida. Por lo cual, debemos enseñar a nuestros discípulos a mantenerse alejados del terreno enemigo.

LOS DISCÍPULOS DEBEN VIVIR EN SANTIDAD

"Santifícalos en tu verdad; tu palabra es verdad" (Juan 17:17). Los discípulos de Jesús alcanzaron ese grado de madurez porque pudieron vencer las pruebas y superar las tentaciones por medio de la fe en las Escrituras. "Como tú me enviaste al mundo, así yo los he enviado al mundo" (Juan 17:18). Cuando el Señor se reunía con Sus discípulos, siempre tenía una enseñanza clara para sembrar en Sus corazones. En las reuniones de doce sucede lo mismo, se comparte una enseñanza poderosa que deje huellas en las almas, se sirve el combustible que mantenga en funcionamiento sus espíritus al menos por una semana, se brinda la energía que mantenga a nivel sus fuerzas, se inyecta la fe del líder.

Comprendí la importancia de reunirme con mi equipo de doce todas las semanas. Así yo no estuviera, esto debía realizarse aunque fuese delegando la tarea a uno de mi equipo para que tomara mi lugar. Alguien dijo que una tremenda conferencia motiva a la gente por tres días, por eso la motivación debe ser continua. Cuando me reúno con mi gente, les enseño cómo deben auto motivarse a diario. Todos debemos auto motivarnos porque estamos en permanente guerra con el mundo espiritual. Satanás comienza a susurrar a nuestros oídos apenas nos levantamos. Por eso, desde ese mismo momento, debemos tomar autoridad, callarlo y declarar que es el mejor día de nuestra vida. Para auto motivarse, usted debe pararse frente al espejo y declarar que es un escogido del Padre, que es un conquistador, que tiene la unción de la prosperidad y la multiplicación, que tiene el mejor cónyuge del mundo, porque es un hijo de Dios. El Señor no vino a llamar gente perfecta; Él eligió personas imperfectas para colocar en ellas la perfección de Cristo.

EL LÍDER DE DOCE PREPARA AL EQUIPO PARA LA OBRA EVANGELÍSTICA

"Como tú me enviaste al mundo, así yo los he enviado al mundo. Ahora yo los envío a ellos para que cumplan tu propósito" (Juan 17:18). La gran comisión, que es la redención del mundo, comenzó con Jesús. Él ya no está aquí, sino sentado a la diestra de Dios Padre. Pero estamos nosotros, a quienes encomendó continuar Su obra en esta tierra. Los discípulos de Jesús siguieron cumpliendo la misión de redención que Jesús empezó: ganar, consolidar, discipular y enviar. La gran comisión fue: "... id, y haced discípulos a todas las naciones..." (Mateo 28:19). Jesús no sólo dijo que predicáramos el Evangelio, también agregó que hiciéramos discípulos. Por lo cual deducimos que, si no hay discipulado, la obra está incompleta. Él no dijo: "Id y haced discípulos a unos cuantos en cada nación", Él se refirió a discipular naciones enteras. Sabemos que no hay otra manera de tomar las naciones para Cristo, sino a través el Gobierno de los doce. Cada pastor, líder o miembro de una iglesia debe apropiarse de la Visión para contribuir en la construcción del Reino de Dios, ganando las almas para Cristo. La Visión es que todos sean discípulos de Cristo, proporcionando los elementos para que la gente lo sea. Por eso, dentro de la visión usted encontrará los cinco ministerios:

- "Id y predicad", es la unción evangelística.
- El consolidar, es la unción pastoral.
- El discipular, es la unción del maestro.
- El enviar, es la unción apostólica que va unida a la profética.

Todos los ministerios forman parte de la Visión. Los dones del Espíritu Santo forman parte de la Visión. Las personas tienen que moverse en palabra de conocimiento. En cada reunión de doce fluye esta palabra de conocimiento, pues los líderes tienen esa unción y pueden discernir cuando hay algo fuera de orden. Discernir es saber cuando uno de los miembros tiene un espíritu incorrecto en la reunión. Los dones del Espíritu nos permiten discernir la necesidad del equipo, de la congregación y esto evita que en la iglesia se introduzcan la pornografía, la inmoralidad, el hurto y tantos otros pecados. El discernimiento mantiene a la iglesia en perfecta pureza y santidad.

El líder, luego de ser discipulado es enviado por Dios; cuando él ya forma sus doce, también los prepara y los envía a hacer la obra de Dios. Fue lo que el Señor enseñó cuando dijo: "Pero recibiréis poder cuando haya venido sobre vosotros el Espíritu Santo, y me seréis testigos en Jerusalén, Judea, Samaria y hasta lo último de la tierra" (Hechos 1:8). Cuando empezamos la Misión Carismática Internacional, hace veintidós años, nuestro mundo era sólo Bogotá. Durante diez años no me ausenté de la iglesia los domingos, salvo cuando como familia nos íbamos de vacaciones. Me concentré en la iglesia porque sabía que debía establecer un fundamento sólido. Algunos pastores, al probar un poco de éxito, sin darse cuenta descuidan el fundamento de sus ministerios. Comienzan a invitarlos a enseñar y empiezan a viajar sin prestarle, a la iglesia local, la atención necesaria. Mi consejo a todo líder y pastor es que no se distraigan ni se dejen llevar por los halagos, que establezcan primero un fundamento bien sólido en su iglesia local, que le den aliento de vida a su congregación y recién cuando ésta esté bien consolidada comiencen a pensar en viajar. Si salen antes de tiempo, pueden perder todo lo que han iniciado. Concéntrese totalmente en desarrollar la Visión.

EL EQUIPO DE DOCE ES EL QUE HONRA Y EXALTA A SU LÍDER

"Y por ellos yo me santifico a mí mismo, para que también ellos sean santificados en la verdad" (Juan 17:19). ¿Por qué el Señor enseña que se santifica en ellos? La educación de los padres determina la calidad de los hijos. Si los hijos están amargados, son inseguros o se sienten frustrados, se puede deducir la clase de padres que tuvieron. Si los hijos son seguros de sí mismos, dinámicos y entusiastas, vemos la enseñanza que les impartieron sus progenitores. Cuando Jesús dijo que se santificaba en ellos, se refería a que les dio lo que había en Él, Su santidad. Todos verán tal pureza en nuestros discípulos que nos santificará a nosotros mismos. Nuestros doce deben ser personas santas, consagradas a Dios, con hogares estables, que amen a sus cónyuges e hijos, que inviertan tiempo en ellos, pero que también amen a sus discípulos. Si como creyentes mantenemos el contacto con la Palabra, ella nos preserva de la corrupción de este mundo.

"La gloria que me diste, yo les he dado, para que sean uno, así como nosotros somos uno" (Juan 17:22). El Señor está repitiendo que la gloria que Dios le había dado estaba en ellos. Los discípulos tienen la misma gloria y unción que el líder. El mismo espíritu de fe está en ellos. Por eso el líder debe reunirse continuamente con sus discípulos para transmitirles esa unción.

"Yo en ellos, y tú en mí, para que sean perfectos en unidad, para que el mundo conozca que tú me enviaste, y que los has amado a ellos como también a mí me has amado" (Juan 17:23). El líder debe luchar por proteger la unidad del grupo. Cuando el equipo de doce está integrado, hay armonía perfecta. Al ser uno, todos aprenden a caminar en un mismo sentir. Usted recordará cuando el profeta Ezequiel vio querubines y cada uno tenía una rueda; cuando el querubín se movía, la rueda se movía con él. El querubín representa la vida del líder y la rueda representa el grupo de doce. Por eso, el Señor dice: "Que sean uno". La Biblia dice que la rueda estaba ligada al espíritu del querubín. Así sucede con el líder y su equipo de doce. El corazón del líder está ligado a su equipo y, cuando se mueve, el equipo se mueve con él; pero cuando se detiene, el equipo también frena la marcha. Cuando el líder crece, el equipo crece; pero cuando él baja, el equipo disminuye sus fuerzas. Hay una integración total, de tal manera que son uno. Alguien dijo que el ritmo del jefe es el ritmo del equipo. El compás con que trabaja el líder le da la frecuencia a sus doce. Si el líder es una persona dinámica, entusiasta y conquistadora, el equipo también lo será. Pero si el líder reposa y descansa, el equipo hará exactamente lo mismo. Por eso, la vida del líder es clave en el trabajo del equipo.

Concluyendo, sé que al leer este libro, el Espíritu Santo ha hablado profundamente a su corazón, transformándolo en uno lleno de compasión por las almas. La gracia de Dios está sobre su vida y al desarrollar los pasos aquí expuestos, comenzará a ver que, retener el fruto que Dios le da, es posible. De la especial atención que se le brinde al nuevo creyente en los primeros meses, depende la clase de líder que llegará a ser en un futuro. Sé que una unción fresca de Dios será derramada sobre su vida y verá consolidado el fruto por el cual tan eficazmente ha trabajado.

Reflexión

Los líderes deben ser fieles en transmitir la Palabra a sus discípulos y cuidarse de no dar su propio mensaje, sino el mensaje que reciben de sus líderes inmediatos. Por causa de esta fidelidad es que podemos ver que hay crecimiento constante en la iglesia, pues todos hablamos el mismo lenguaje.

Siendo formados por Su Palabra

1. "Yo les he dado tu palabra" Juan 17:14a. ¿Por qué es importante la Palabra en nuestra vida y la de nuestros discípulos?

____

____

____

2. Qué diferencia encuentra usted, entre un liderazgo basado en la razón y la lógica, y un liderazgo lleno de fe. Explique bíblicamente.

____

____

____

3. Escriba la promesa que encontramos en los siguientes textos bíblicos:

Juan 17:15

____

Mateo 6:13

____

4. Un liderazgo correcto se caracteriza por poseer cualidades espirituales. Según estos textos de las Escrituras, ¿cuáles son?

Juan 17:17

Juan 17:9

Juan 17:18

Juan 17:12

5. ¿Cómo está preparando a su equipo para cumplir con La Gran Comisión?

____

____

____

¿Qué estrategias está desarrollando?

____

____

____

VERSÍCULO CLAVE PARA MEMORIZAR: JUAN 17:17-18

Evaluación Personal

a. El liderazgo es el reflejo del líder.
¿Cree que necesita ayuda para hacer cambios?

b. Es tiempo que haga una oración, y pida a Dios un nuevo liderazgo para conquistar las multitudes.

la vision es la manera de engendrar un nuevo.

ejemplo de una consolidacin:
Un lider se debe comportar como un papa. desarrollar el paper de paternidad.

(2 3:34) la iglesia se debe compertir en la casa de nuestro hijo espiritules.

Cuando el lider desarrolla este papel de paternidad no habra nesesida de rogar, suplicar a nadie que se quede en la celula o en la iglesia.

Desarrollar Compasion = es un amor entrañable. se compara en el amor de une madre — { Compasion es no pensar dos veses para salvar a algue

la compasion no se define sino Se pone por practica en las personas que lo nesecitan.

Abibamiento: es cuando algo que se esta apagando vuelve a tomar fuerza - el abivamiento no es para nuevos sino para nosotros mismos.

Cuando queremos ganar 1000
tenemos que predicar a 5000
y tambien hay que buscar-
insipirar no presione
ezequ 34

800

650 200
120

450 330 33